LIBERSILA

Parcourez le monde

COMME VOUS NE L'AVEZ
JAMAIS FAIT

CHRISTOPHE
PERREAULT

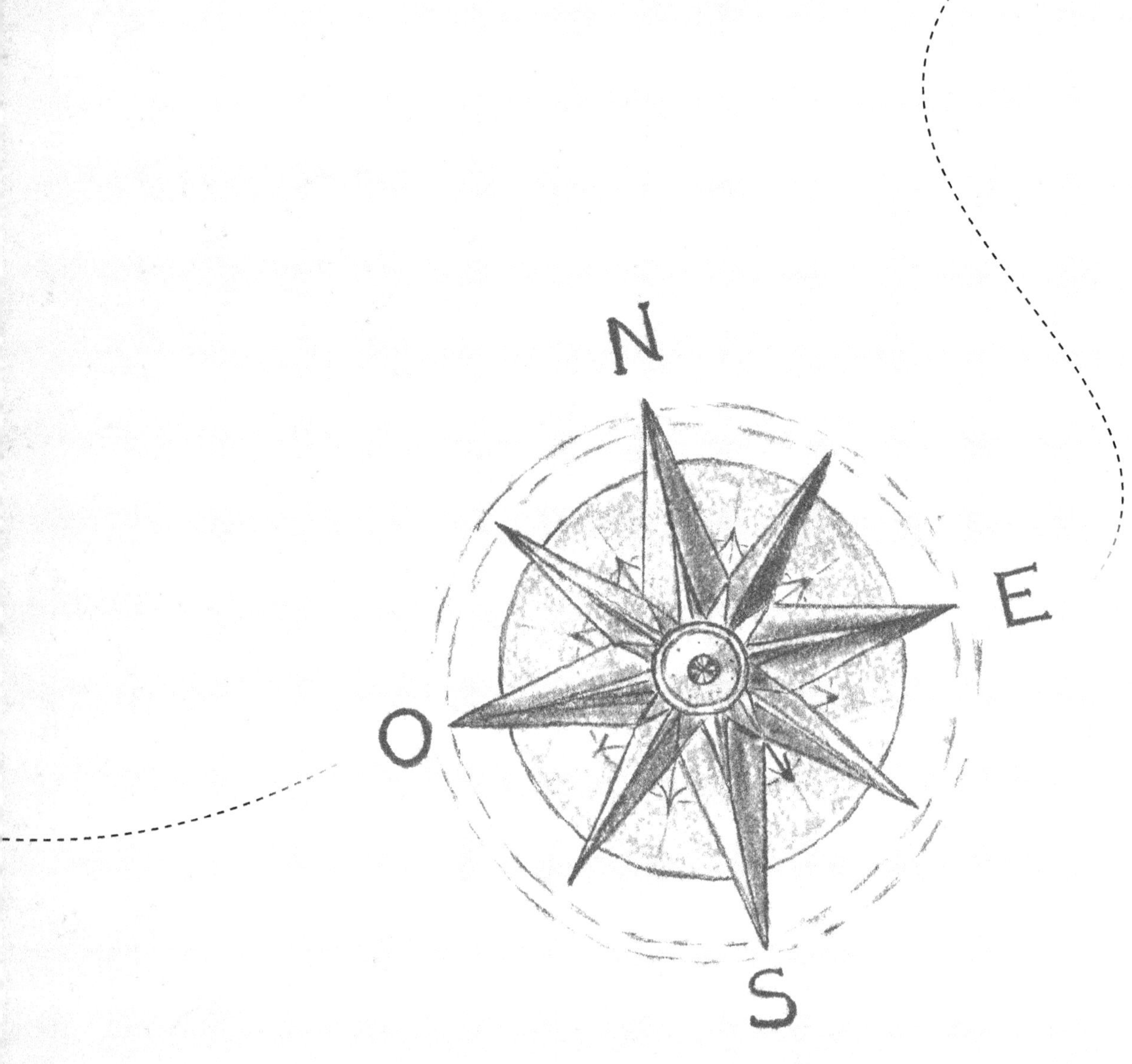
N
E
O
S

Ouvrir

Explorer

Prolonger

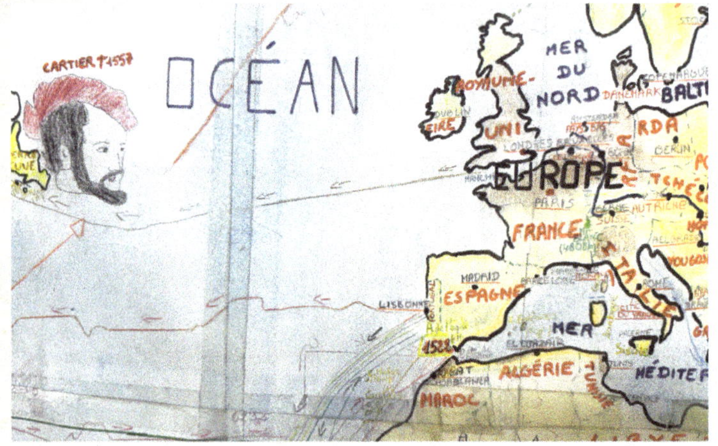

L'univers LiberSila

Aux origines

Ce livre a commencé bien avant sa première page.

Il y a 30 ans, face à un coucher de soleil à Santorin, quelque chose s'est mis en mouvement. La lumière, la mer, le vent et une langue dont la sonorité résonnait avec le lieu. À cet instant, une évidence s'est imposée : ma vie est un voyage dont les langues ouvrent de multiples chemins. Et cette expérience devait être partagée. Comme un appel du large. Irrésistible.

D'aussi loin que je me souvienne, j'ai été fasciné par les cartes du monde. Là où d'autres enfants dessinaient un avion, un cheval, une maison, je reproduisais des cartes ou en inventais pour m'évader dans ces univers. Je m'imaginais converser avec les populations locales, m'aventurer dans des territoires inconnus et vivre mille et une aventures dans un espace où plus rien ne semblait impossible...

Mon attirance pour les langues s'est développée en parallèle et c'est en voyant les représentants de tous les pays du monde s'exprimer à l'ONU dans l'une des six langues officielles (anglais, chinois, espagnol, arabe, français, russe) que je me suis promis de comprendre un jour tous les discours dans leur langue d'origine.

Le français était ma langue natale et l'anglais un prérequis. Pour choisir la langue suivante, j'ai décidé de m'en remettre au hasard en lançant, les yeux bandés, une fléchette sur un planisphère. Elle atterrit, sans grande surprise au vu de la taille du pays, sur ce qui était alors l'URSS.

Je me suis ainsi plongé dans l'étude de la langue de Pouchkine, au point d'étudier quelque temps à Moscou. La rencontre d'une professeure cubaine m'a ensuite permis, à partir du russe, d'apprendre l'espagnol.

Plus tard, des voyages dans le désert marocain, complétés par quelques cours improvisés à Montréal (où j'ai immigré et vécu dix ans) avec des étudiants qui apprenaient le Coran, m'ont ouvert à l'arabe.

C'est finalement en m'installant à Singapour, avec de nombreux déplacements en Asie et notamment en Chine, que j'ai commencé à apprendre le chinois. Chaque rencontre m'a ainsi ouvert de nouveaux chemins. Quelques années passées en Allemagne et en Italie ont ensuite ajouté l'allemand et l'italien à ce parcours.

Ma vie a toujours été synonyme de voyages et les langues, loin d'être des barrières, sont devenues des ponts vers les cultures des pays traversés. Cet émerveillement m'a conduit aux quatre coins du monde : des Inuits du Grand Nord canadien aux Dogons du Mali, des Maoris de Nouvelle-Zélande aux tribus au cœur de l'Amazonie. Dans le même temps, ma vie professionnelle m'a amené à voyager dans de nombreuses métropoles et à collaborer avec des équipes multiculturelles pendant de nombreuses années.

Avec le temps, ma soif de voyage a changé de nature. Elle s'est tournée vers l'émotion et vers ce qui, au fond, nous relie en tant qu'êtres humains.

Longtemps, ces histoires sont restées en moi comme autant de fragments de voyages et de rencontres. Mais dans un monde qui semble parfois se refermer sur lui-même, j'ai ressenti le besoin de partager cette aventure, guidée par deux fils conducteurs qui me paraissent essentiels aujourd'hui : l'humanisme et la capacité d'émerveillement.

J'espère que vous y trouverez des émotions fortes et des réflexions nouvelles.

Peut-être aussi l'envie d'en apprendre davantage sur d'autres cultures, d'autres langues – et d'aller à la rencontre de ce qui nous est encore inconnu.

Restauration d'un planisphère dessiné entre 11 et 12 ans (154 × 89 cm), où se mêlent pays, capitales, reliefs, routes des explorateurs, rose des vents, animaux et figures mythologiques — une première façon, déjà, de parcourir le monde sans quitter ma chambre.

L'alliance de Liber et Sila

LiberSila résume mon histoire. J'ai créé ce mot composé en mariant deux racines issues de cultures très éloignées mais aussi profondément complémentaires.

Liber, d'abord.

Dans le monde latin, liber désigne le livre. L'objet écrit, la trace, la transmission. Un espace que je souhaite aujourd'hui offrir pour émerveiller et favoriser la coopération et le respect entre les cultures.

Liber renvoie aussi à la liberté, à l'état de celui qui n'est pas enchaîné. Cette racine traverse les langues et les époques : liberté, liberty, libertad, libertà, liberdade, libertate… Les formes varient, les sons changent mais l'idée demeure de la liberté comme aspiration fondamentale.

La liberté ouvre tous les possibles : liberté de penser, de se déplacer, de créer, d'aimer, de prendre des risques, de se tromper, de recommencer… La liberté, pourtant, ne suffit pas. Encore faut-il pouvoir la vivre pleinement, la mettre en mouvement, lui donner une forme sensible et lui faire assumer ses choix.

C'est là qu'intervient *Sila*.

Dans la culture inuit, Sila (ᓯᓚ) est un mot difficilement traduisible. Il désigne à la fois le souffle, l'air, l'esprit, la conscience et l'ordre du monde. Sila relie l'intérieur et l'extérieur, l'individu et le cosmos, le vivant et ce qui le dépasse.

Associer **Liber** et **Sila**, c'est ainsi rendre le livre vivant, mettre la liberté en mouvement, s'éveiller au monde en pleine conscience et se mettre en situation d'incarner ses idéaux. De cette union naît une forme de musique, presque une symphonie, faite de différences assumées et d'échos inattendus.

Les mots et les images

LiberSila traverse 51 pays et rassemble 73 petites histoires, certaines bien réelles et d'autres totalement imaginaires, qui sont reliées les unes aux autres mais peuvent également se lire séparément.

Les textes et dessins sont le fruit d'une seule main. J'ai écrit plus de la moitié des textes directement dans leur langue d'origine. Pour les autres, je les ai imaginés en français puis fait traduire, en portant une attention particulière à la mélodie des mots dans la langue d'origine.

Les mots de LiberSila prennent ainsi vie à travers 28 langues. Ce choix participe pleinement de l'expérience de lecture. Chaque langue installe une atmosphère, un rythme, une manière particulière d'habiter un lieu. La langue devient un accès direct à un paysage, à ses silences et à ses respirations.

Certaines langues sont plus présentes en raison de leur large diffusion et de leur empreinte qui dépasse largement les frontières des États. L'anglais, le français et l'espagnol comptent chacun dix textes. L'arabe, le chinois et le russe en rassemblent sept chacun. Ces langues apparaissent dans des contextes multiples et traversent des territoires variés. Les langues vivent en effet là où elles sont parlées et bien au-delà des frontières.

À ce socle s'ajoutent des langues parlées par des dizaines, voire des centaines de millions de personnes à l'échelle de vastes régions : l'indonésien, l'hindi, le portugais, le japonais, le vietnamien, le coréen, le persan, l'allemand, le swahili, le turc, l'italien, l'amharique, l'ukrainien, le thaï, le grec, l'hébreu, le suédois. Ainsi, environ la moitié de l'humanité peut comprendre au moins un texte du livre dans une langue qui lui est familière, une configuration exceptionnelle à l'échelle d'un ouvrage.

LiberSila donne également une place tout aussi importante à des langues beaucoup plus rares, telles que le dogon, l'inuktitut, le tibétain, le māori ou même le géorgien. Leur présence rappelle la diversité des manières de dire, de penser et de ressentir le monde. Elle donne aussi à voir la beauté de leurs écritures et à entendre la richesse de leurs sonorités, souvent méconnues. Certaines de ces voix restent fragiles.

Outre le français, les textes apparaissent tous dans leurs langues d'origine, accompagnés, lorsque cela s'y prête, d'une reproduction phonétique (translittération) pour inviter le lecteur à percevoir leur musique.

Les illustrations s'inscrivent dans ce même esprit d'ouverture. Elles n'ont pas vocation à viser une quelconque perfection artistique mais à prolonger les textes par une atmosphère et à créer, pour le lecteur, un espace lui permettant de prolonger sa propre imagination.

Entrez dans LiberSila

LiberSila est un livre à parcourir librement, à ouvrir, refermer et redécouvrir.
Vous pouvez y entrer de **trois manières**, selon votre envie du moment :

PARTEZ À L'AVENTURE ET TRACEZ VOTRE PROPRE CHEMIN

Commencez au texte #1 « L'appel du large », là où tout a commencé à Santorin, puis laissez-vous entraîner parmi la multitude de chemins qui se dévoileront au fil des pages.

EXPLOREZ UN TEXTE AVEC UNE INTENTION PRÉCISE

À l'aide de la Carte *LiberSila* (p.8), rejoignez un lieu ou une langue qui vous appelle.

SUIVEZ VOS ÉMOTIONS INTÉRIEURES

Choisissez l'un des sept mouvements de *LiberSila* selon votre humeur (p.10). Ou feuilletez simplement le livre et arrêtez-vous sur un texte ou un dessin qui vous interpelle.

La carte

Cette carte permet d'explorer *LiberSila* par régions du monde ou par langues. Les numéros correspondent aux numéros de textes que vous retrouverez dans le bandeau indicateur en haut à gauche de chaque histoire.

Retrouvez la carte en version interactive et le dessous des cartes sur

www.libersila.com

Français	2	10	19	28	33	42	51	59	64	72
Anglais	4	14	17	27	31	34	38	46	60	68
Espagnol	8	13	21	24	29	39	48	50	63	67
Chinois	7	25	47	49	58	65	69			
Arabe	3	12	30	36	41	55	70			
Russe	6	16	35	44	53	61	73			
Portugais	11	71								

Allemand	20	**Dogon**	57
Amharique	22	**Géorgien**	66
Coréen	5	**Grec**	1

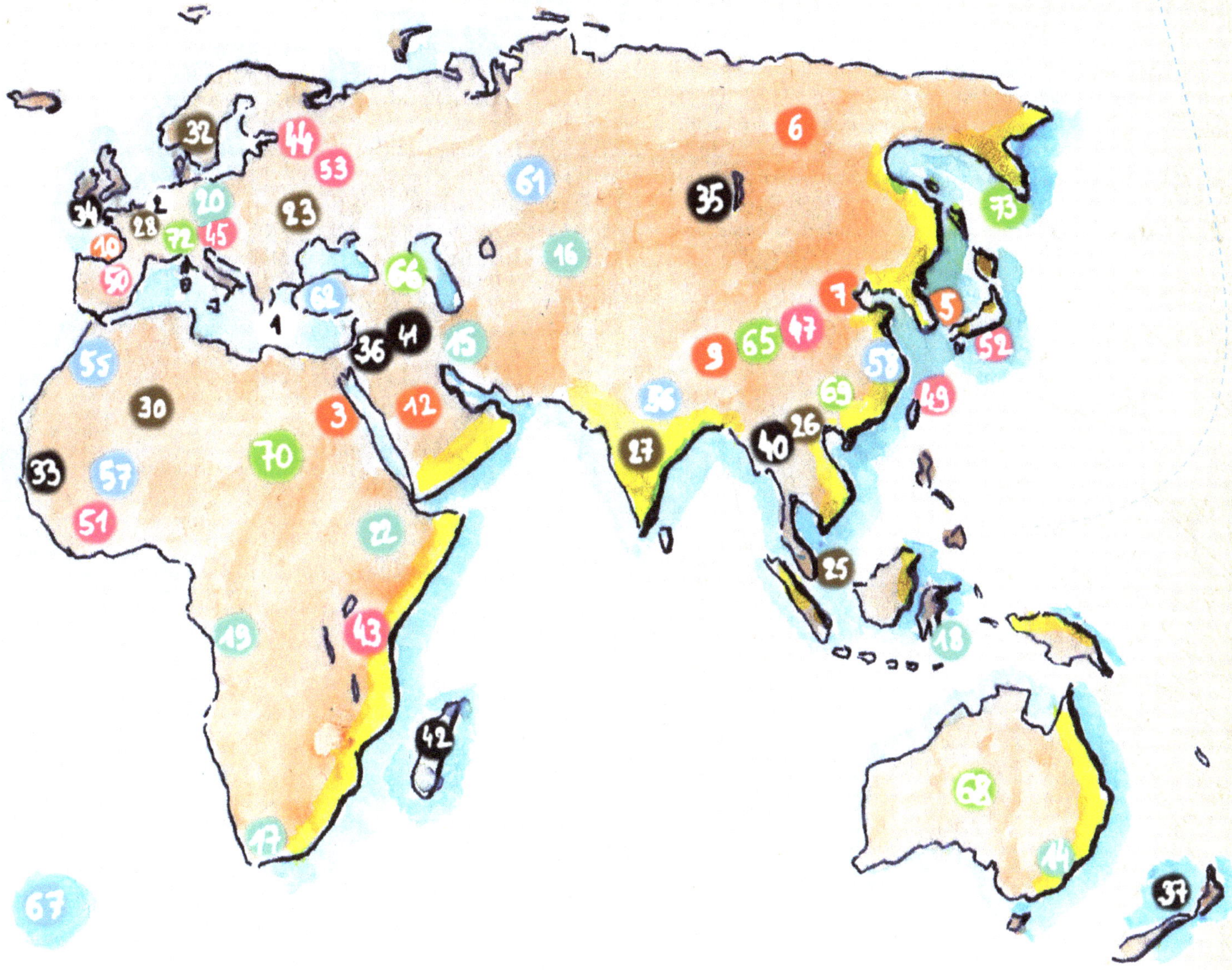

Hébreu 	Inuktitut 	Maori 	Swahili 43	Turc  
Hindi 	Italien 	Persan 	Thaï 40	Ukrainien 
Indonésien 	Japonais 	Suédois 32	Tibétain 9	Vietnamien 

Liste des histoires par mouvement

Les 73 textes de *LiberSila* peuvent également se découvrir à partir de sept mouvements qui traversent l'expérience humaine. Car au-delà des lieux et des langues, ces mouvements parlent aussi de ce que nous vivons tous : des moments de joie ou de perte, d'élan ou de doute, d'enracinement ou de départ. Ces sept mouvements esquissent ainsi un autre parcours possible. Ils correspondent à des dynamiques, des passages, des manières d'être au monde et de le ressentir intérieurement. Certains y verront un simple repère, d'autres peut-être quelque chose qui résonne en eux.

Reconnaître le bonheur
Vouloir un monde meilleur
Courir vers sa destinée
Affronter le malheur
Rêver éveillé
Parcourir le monde
Écouter la nature

Affronter le malheur

Rêver éveillé

Parcourir le monde

Écouter la nature

L'appel du large

[Traduction française]

Soixante-treize aventures pour voyager à travers le monde, à travers le temps, le réel et l'imaginaire,
soixante-treize aventures pour s'échapper, réinventer le bonheur ou faire face au malheur,
soixante-treize aventures avec chacune leur propre saveur et leur propre parfum,
soixante-treize aventures, tour à tour récits, réflexions, poèmes ou chansons...
Et vous, qui allez les découvrir et vous découvrir.

Tous vos sens seront désormais sollicités.
Vous entendrez des langues familières et d'autres inconnues,
vous goûterez à des sonorités douces ou rugueuses, poétiques ou surprenantes,
vous traverserez des paysages de mémoire et des horizons inédits.

Chaque langue portera une émotion :
l'une fera vibrer votre cœur,
l'autre éveillera vos songes,
une autre encore fera jaillir votre raison ou votre rire.
Toutes ensemble, elles vous inviteront à un même voyage : celui de l'humanité.

Bienvenue dans ce monde incroyable, le monde des hommes !

Pour que le rêve reste vivant,
pour que la vie soit un rêve...

Το Κάλεσμα της Θάλασσας

To Kálesma tis Thálassas [Translittération]

Εβδομήντα τρεις περιπέτειες για να ταξιδέψετε σε όλο τον κόσμο, στο χρόνο, στο πραγματικό και στο φανταστικό,
Evdomínta tris peripéteies gia na taxidépseis se kósmous makrinoús kai kontinoús,
Εβδομήντα τρεις περιπέτειες για να ξεφύγεις, να ξαναβρείς την ευτυχία ή να σταθείς μπροστά στη δυστυχία,
Evdomínta tris peripéteies gia na xefýgeis, na xanavrís tin eftychía í na stathís brostá sti dystychía,
Εβδομήντα τρεις περιπέτειες, καθεμιά με τη δική της γεύση και το δικό της άρωμα,
Evdomínta tris peripéteies, kathemía me ti dikí tis géfsi kai to dikó tis ároma,
Εβδομήντα τρεις περιπέτειες, άλλοτε ιστορίες, άλλοτε σκέψεις, ποιήματα ή τραγούδια...
Evdomínta tris peripéteies, állote istoríes, állote sképseis, poíimata í tragoudia...
Κι εσύ εσύ που θα τις ανακαλύψεις και θα ανακαλυφθείς.
Ki esý: esý pou tha tis anakalýpseis kai tha anakalyftheís.

Όλες σου οι αισθήσεις θα ξυπνήσουν.
Óles sou oi aisthíseis tha xypnísoyn.
Θα ακούσεις γλώσσες γνώριμες και άλλες άγνωστες,
Tha akoúseis glósses gnórimes kai álles ágnostes,
θα γευτείς ήχους γλυκούς ή τραχείς, ποιητικούς ή απρόσμενους,
tha gefteís íchous glykoys í tracheís, poiitikoys í aprósmenous,
θα περάσεις μέσα από τοπία μνήμης και ορίζοντες καινούριους.
tha peráseis méssa apó topía mnímis kai orízontes kainoúrious.

Κάθε γλώσσα θα φέρει ένα συναίσθημα
Káthe glóssa tha féri éna synáisthima·
η μία θα κάνει την καρδιά σου να χτυπήσει,
i mía tha kánei tin kardiá sou na chtypísei,
η άλλη θα ανάψει τα όνειρά σου,
i álli tha anápsei ta óneirá sou,
μια τρίτη θα γεννήσει τον λόγο ή το γέλιο σου.
miá tríti tha gennísei ton lógo í to gélio sou.
Κι όλες μαζί θα σε καλέσουν στο ίδιο ταξίδι: στο ταξίδι της ανθρωπότητας.
Ki óles mazí tha se kalésoyn sto ídio taxídi· sto taxídi tis anthropótitas.

Καλώς ήρθες σε αυτόν τον απίστευτο κόσμο, τον κόσμο των ανθρώπων!
Kalós írthes se aftón ton apístefto kósmo, ton kósmo ton anthrópon!

Για να μείνει ζωντανό το όνειρο,
Gia na meínei zontanó to óneiro,
Για να γίνει η ζωή ένα όνειρο....
Gia na gínei i zoí éna óneiro....

#2

Cet appel du large en grec vous donne envie d'explorer les langues et leur histoire ? Laissez le regard se tourner vers Bruxelles.

La magie des langues

#8

Pour commencer par la quête d'un bonheur simple, le chemin peut mener vers un marché du Mexique, à Oaxaca.

Le marché du bonheur

#20

Si la quête de la liberté et le prix à payer pour la défendre vous interrogent, retrouvons-nous à Berlin.

Berlin au matin

#28

Besoin d'un temps de pause pour réfléchir à votre voyage en prenant un petit café ? Installez-vous à une terrasse à Paris.

Au café du monde

#45

Ou plongez directement dans l'action, le temps et le merveilleux, à Venise.

Le masque de Venise

Το Κάλεσμα
της Θαλασσας

La magie des langues

Douce, suave, amusante, complexe, croustillante,
chantante, différente et toujours indomptable,
ma langue, c'est un peu tout cela
et beaucoup plus à la fois.
Parle-la et tu y découvriras un peu de moi,
oublie ta gêne et fais ce pas... Voilà :
bienvenue dans ce monde invisible !

En fait, ma langue, comme toutes
les autres, a un riche passé.
Elle garde au fond d'elle la mémoire
de ces temps lointains
où nos ancêtres marchaient et marchaient sans fin
et enfin se séparèrent jusqu'à oublier
l'existence de leurs frères éloignés.

Puis ma langue fut brassée au rythme des communions
de pouvoir et de sang de ces peuples désormais éteints
d'où certains mots, comme des épaves, s'échouèrent
au milieu d'un univers culturel nommé latin.
Mais, sous l'épée brandie par les
Francs, le latin fut saigné
et, par le plus court chemin, le français
fut baptisé et officialisé.

Aujourd'hui, ce français que je parle,
possède des chapeaux, empruntés à
de majestueuses montagnes.

Il a ce parfum de campagne boisée, la fraîcheur
d'embruns d'océan sur mes lèvres,
un goût de fromage et de bon vin
qui donne la joie de vivre.

Son accent, à la fin des mots, martèle
le nom des héros et des sacrifiés
tombés au champ d'honneur en scandant
« liberté, égalité, fraternité ! ».
C'est encore un refuge pour les persécutés et
les créatifs qui ne sauraient se complaire
dans de trop simples règles de grammaire...

Étoile dans le ciel de l'humanité, la langue
française a aussi une diversité infinie.
En Belgique, elle sait partager ses terres
avec d'autres langues qui l'ont enrichie.
Au Québec, elle garde l'accent des pionniers
remontant le Saint-Laurent glacé,
tandis que dans le Pacifique, elle sourit aux
marins caressant ces plages immaculées.

Témoins et otages des passions et des haines,
face au temps qui efface, les langues
sont de fragiles graines
qui portent les mémoires, les victoires,
les blessures et les chants
mais meurent avec les peuples
qu'elles guidaient pourtant.

Sans la langue des Dogons, comment
lire la destinée dans le ciel ?
Sans la langue des Inuits, comment
voir parmi les nuances de blancs ?
Chaque langue qui s'éteint emporte un univers,
un regard sur la vie, un trésor de l'humain divers.

Lumières de vie, nos langues brillent différemment,
aucune ne saurait se dire supérieure
aux autres vraiment.
Filles de l'humanité, elles donnent sens au monde
et à tous ces mots épars que le silence inonde...

Mais d'où vient le basque ?

#54

Envie de sentir le souffle d'une langue née du froid et du silence ? Laissez-vous porter vers l'Arctique canadien, en Inuktitut.

La voix du Grand Nord

#22

Pour découvrir une écriture qui saura vous émerveiller, direction l'Éthiopie, en amharique.

La connaissance vaincra

#66

Curieux d'explorer une langue aussi ancienne que mystérieuse ? Prenez la route du Caucase, en géorgien.

Quand le soleil se lève

#23

Ou suivez une langue indo-européenne slave, écrite en alphabet cyrillique, pour explorer les chemins de la vérité, en ukrainien

L'esprit de vérité

Cette page est la vôtre. Vous pouvez par exemple figer un moment suspendu : un lieu, une émotion, un mot entendu ici ou ailleurs, une photo, un dessin…

RECONNAÎTRE *le bonheur*

Bonne nuit Leïla

[Traduction française]

Bonne nuit Leïla… mais avant, repose ton corps,
Pose ta tête sur le sable blanc, doucement,
Déploie tes bras et tes jambes comme une étoile de mer,
Et laisse la mer te bercer, comme une mère tendre.

Bonne nuit Leïla… mais avant, repose ton âme,
Chasse de ta tête les soucis qui t'abîment,
Écoute les vagues emporter tout ce qui fait mal,
Encore et encore, jusqu'à ce qu'il ne reste que paix et silence.

Bonne nuit Leïla… mais avant, ouvre-toi à la nature,
Ferme les yeux, inspire le parfum du jasmin,
Écoute les oiseaux et les insectes chanter la joie,
Et sens sous toi la terre, témoin de millions d'années de vie.

Bonne nuit Leïla… mais avant, regarde le ciel,
Ces étoiles qui brillent au-dessus de la mer Rouge,
Elles forment un tableau si parfait, si envoûtant,
Qu'elles illuminent ton cœur comme un feu éternel.

Bonne nuit Leïla… rêve éveillée,
L'univers entier chante son amour pour toi,
Je t'aime Leïla, toi qui es la nuit étoilée,
Bonne nuit Leïla, rêve de beauté.

En arabe, le prénom Layla et le mot « nuit » ne font qu'un :
لَيْلَةٌ سَعِيدَةٌ يَا لَيْلَى
(Layla sa'īda yā Laylā)

لَيْلَةٌ سَعِيدَةٌ يَا لَيْل

[Translittération] Layla sa'īda yā Laylā

لَيْلَةٌ سَعِيدَةٌ يَا لَيْلَى... وَلَكِنْ قَبْلَ أَنْ تَنَامِي، اِفْتَحِي قَلْبَكِ لِلطَّبِيعَةِ،
Layla saʿīda yā Laylā... walākin qabla an tanāmī, iftaḥī qalbaki liṭ-ṭabīʿah,
أَغْلِقِي عَيْنَيْكِ وَاسْتَنْشِقِي عِطْرَ الْيَاسْمِينِ،
aghliqī ʿaynayki wa-istanshiqī ʿiṭr al-yāsmīn,
وَاسْمَعِي الطُّيُورَ وَالْحَشَرَاتِ تُغَنِّي فَرَحَ الْحَيَاةِ،
wa-smaʿī aṭ-ṭuyūra wa-l-ḥasharāt tughannī faraḥ al-ḥayāh,
وَاشْعُرِي تَحْتَكِ بِالأَرْضِ، شَاهِدَةً عَلَى مَلَايِينِ السِّنِينَ مِنَ الْحَيَاةِ.
wa-ishʿurī taḥtaki bil-arḍ, shāhidatan ʿalā malāyīn as-sinīn mina al-ḥayāh.

لَيْلَةٌ سَعِيدَةٌ يَا لَيْلَى... وَلَكِنْ قَبْلَ أَنْ تَنَامِي، اِسْتَرِيحِي بِجَسَدِكِ،
Layla saʿīda yā Laylā... walākin qabla an tanāmī, istarīḥī bijasadiki,
وَضَعِي رَأْسَكِ عَلَى الرِّمَالِ الْبَيْضَاءِ بِلُطْفٍ،
wa-ḍaʿī raʾsaki ʿalā ar-rimāl al-bayḍāʾ biluṭf,
وَافْرِدِي ذِرَاعَيْكِ وَسَاقَيْكِ كَنَجْمَةِ بَحْرٍ،
wa-afridī dhirāʿayki wa-sāqayki ka-najmat baḥr,
وَدَعِي الْبَحْرَ يُهَدِّئُكِ كَأُمٍّ حَنُونٍ.
wa-daʿī al-baḥra yuhaddiʾuki ka-umm ḥanūn.

لَيْلَةٌ سَعِيدَةٌ يَا لَيْلَى... وَلَكِنْ قَبْلَ أَنْ تَنَامِي، أُنْظُرِي إِلَى السَّمَاءِ،
Layla saʿīda yā Laylā... walākin qabla an tanāmī, unẓurī ilā as-samāʾ,
هَذِهِ النُّجُومُ تَلْمَعُ فَوْقَ الْبَحْرِ الأَحْمَرِ،
hādhihi an-nujūm talmaʿ fawqa al-baḥr al-aḥmar,
تَرْسُمُ لَوْحَةً كَامِلَةً سَاحِرَةً،
tarsumu lawḥatan kāmilatan sāḥirah,
تُنِيرُ قَلْبَكِ كَنَارٍ أَبَدِيَّةٍ.
tunīru qalbaki ka-nārin abadīyah.

لَيْلَةٌ سَعِيدَةٌ يَا لَيْلَى... وَلَكِنْ قَبْلَ أَنْ تَنَامِي، اِرْتَاحِي بِرُوحِكِ،
Layla saʿīda yā Laylā... walākin qabla an tanāmī, irtāḥī birūḥiki,
وَأَطْرِدِي مَا يُثْقِلُ فِكْرَكِ،
wa-aṭridī mā yuthqilu fikraki,
وَاسْمَعِي الأَمْوَاجَ وَهِيَ تَحْمِلُ كُلَّ مَا يُؤْلِمُ،
wa-smaʿī al-amwāja wa-hiya taḥmilu kulla mā yuʾlim,
مَرَّةً بَعْدَ مَرَّةٍ، حَتَّى يَبْقَى السَّكِينَةُ وَالصَّمْتُ.
marra baʿda marra, ḥattā yabqā as-sakīnah waṣ-ṣamt.

لَيْلَةٌ سَعِيدَةٌ يَا لَيْلَى... اِحْلُمِي وَأَنْتِ مُسْتَيْقِظَةٌ،
Layla saʿīda yā Laylā... iḥlumī wa-anti mustayqiẓah,
فَإِنَّ الْكَوْنَ كُلَّهُ يُغَنِّي أُنْشُودَةَ حُبِّهِ لَكِ،
fa-inna al-kawna kullahu yughannī unshūdat ḥubbihi laki,
أُحِبُّكِ يَا لَيْلَى، أَنْتِ اللَّيْلُ الْمُزَيَّنُ بِالنُّجُومِ،
uḥibbuki yā Laylā, anti al-layl al-muzayyan bin-nujūm,
لَيْلَةٌ سَعِيدَةٌ يَا لَيْلَى، وَاحْلُمِي بِالْجَمَالِ.
Layla saʿīda yā Laylā, wa-iḥlumī bil-jamāl.

#67
Si cette union entre langue, nature et douceur vous touche, plongez dans la mer Rouge.
La planète bleue

#30
Le sable vous parle plus que l'eau ? Prenez la route du Sahara algérien.
Le songe du vieux

#6
Du sourire au froid cristallin, mettez une chapka et retrouvons-nous à Iakoutsk, en Sibérie (Russie).
Dessine-moi un sourire

#17
Si la douceur précède l'action, traversez l'Afrique jusqu'au Cap pour laisser entendre votre voix.
Debout Afrique !

La voix du blues

[Traduction française]

Ne vois-tu pas ?
Ne vois-tu donc rien ?
Je ne suis pas une de ces mauviettes
Mais un vrai gars du Mississippi.
Yeah !

Retour sur mon premier jour.
Était-ce un jeudi ?
Oh, pas le temps de se reposer, en tout cas,
Dans une famille de douze, je vous le dis.
Yeah !'

Amour au premier regard.
Oh, Bébé, ne pleure pas.
C'est vrai je t'ai quittée cette nuit,
Ma guitare et moi avions fort à faire.
Yeah !

Vif, rusé, élégant.
Prends les choses comme elles viennent.
La gloire s'élève, retombe et nous emporte,
Seul le temps continue, « c'est la vie !».
Yeah !

Peau noire marquée.
Épaules fatiguées.
Mains calleuses mais ne t'y trompe pas,
Donne-moi ma guitare et j'enflamme la scène.
Yeah !

Œil pour œil.
Balance à gauche, balance à droite.
Lunettes sombres, cordes fatiguées,
À quatre-vingt-six ans, je chante toujours.
Yeah !

Woo, woo, woo !

Chicago, ma maison !
Chez Buddy Guy, la foule s'enflamme,
Ce soir tu entends mon âme, l'âme du Blues.
Yeah !

#55

Des vents de Chicago aux alizés de l'Atlantique, laissez-vous porter jusqu'au Maroc à Essaouira.

Les petites vagues d'Essaouira

#46

Quand la musique appelle la peinture, poursuivez votre voyage artistique à New York.

Les cyprès de New York

#17

Si la voix du blues appelle à vous engager pour l'avenir de l'Afrique, prenez le micro au Cap en Afrique du Sud.

Debout Afrique !

The voice of the blues

Can't you see, see,
Can't you ever see, see,
I'm not one of these sissies, see,
I'm a real guy from Mississippi,
... Yeah!

Come my first day,
Was it a Thursday?
No time to rest, oh, anyway,
In a family of twelve, I must say,
... Yeah!

Love at first sight,
Oh, Baby don't you cry,
True I left you, oh, that night,
My guitar and I had to fight,
... Yeah!

Swift, shrewd, sleek,
Just, take it quick,
Fame comes, goes, and so do we,
Only time remains, "c'est la vie,",
... Yeah!

Black skin burnt,
Big shoulders bent,
Calloused hands, but don't mistake,
Give me my guitar and I'll set the stage,
... Yeah!

Tit for tat,
Swing left and right,
Dark shades and old strings,
Still shining at eighty-six,
... Yeah!

Woo, woo, woo,
Sweet home, Chicago,
Buddy Guy's you love to move,
Tonight you've heard my soul, the soul of the Blues,
... Yeah!

Heureux celui qui donne

[Traduction française]

On me disait que je devais donner,
Que donner, c'était simple,
Que donner, c'était une marque d'humanité,
Que donner, en somme, était une obligation.

Mais plus on me le répétait,
Plus je me refermais sur moi-même,
Jusqu'au jour où j'ai croisé un petit garçon,
Qui m'a offert un sourire,
Simple, franc, sans rien attendre,
Et a rouvert mon cœur.

Alors j'ai compris que moi aussi j'aimais donner,
Pas par devoir ni pour plaire,
Mais pour ce sentiment discret qui unit mon âme aux autres,
ce lien invisible que les Coréens appellent jeong.

Donner sans juger,
Donner sans calcul,
Donner, tout simplement.

주는 사람은 행복하다

Juneun sarameun haengbokhada [Translittération]

사람들은 나에게 주라고 했어요,
Saramdeureun na-ege jurago haesseoyo,
주는 건 간단하다고,
juneun geon gandan-hadago,
주는 건 인간의 표시라고,
juneun geon ingan-ui pyosi-rago,
주는 건 당연한 일이라고 말했죠.
juneun geon dang-yeon-han irirago malhaet-jyo.

하지만 그럴수록
Hajiman geureolsurok
나는 점점 내 안으로 닫혀 갔어요.
naneun jeomjeom nae an-euro dat-hyeo gasseoyo.
그러던 어느 날,
Geureodon eoneu nal,
나는 한 소년을 만났어요.
naneun han sonyeon-eul mannasseoyo.
그는 나에게 미소를 주었죠,
Geuneun na-ege misoreul ju-eot-jyo,
순수하고, 솔직하고, 아무런 기대도 없이.
sunsuhago, soljik-hago, amureon gidaedo eops-i.
그 미소는 내 마음을 다시 열게 했어요.
Geu misoneun nae maeumeul dasi yeolge haesseoyo.

그때 알았어요.
Geuttae arasseoyo.
나도 주는 것을 좋아한다는 걸,
Nado juneun geoseul joahandaneun geol,
의무나 칭찬을 위해서가 아니라,
uimuna chingchan-eul wihaeseoga anira,
내 영혼을 다른 이들과 이어 주는
nae yeonghon-eul dareun ideulgwa ieo juneun
보이지 않는 다정한 마음,
boiji anneun dajeonghan maeum,
한국 사람들이 '정(jeong)'이라고 부르는 그 마음 때문에.
Hanguk saramdeuri "jeong"irago bureuneun gcu maeum ttaemune.

판단하지 않고,
Pandan-haji ango,
계산하지 않고,
gyesan-haji ango,
그냥 주는 것.
geunyang juneun geot.

#13

Si vous vous méfiez de ceux qui forcent à donner, partez observer une révolution à Cuba.

La musique de la Révolution

#6

Quand donner commence par un simple sourire, prenez la route de Iakoutsk, en Russie.

Dessine-moi un sourire

#33

Donner peut aussi signifier une présence totale auprès d'un enfant malade. Retrouvons-nous à Dakar, au Sénégal.

L'ourson du malade

#16

Pour explorer ce qui arrive quand tout manque, la route se prolonge jusqu'à Almaty, au Kazakhstan.

Quand il n'y a plus d'argent

Нарисуй мне улыбку

Narisouy mnye ulybkou [Translittération]

Нарисуй мне твою улыбку,
Narisouy mnye tvaiou ulybkou,
Улыбку, которую никогда не забуду,
Ulybkou, kotoruyu nikogda ne zabudu,
Которую навсегда с собой возьму,
Kotoruyu navsegdá s soboy voz'mu,
И когда холодно, её ношу, как шапку.
I kogdá kholodno, yeyo noshou, kak chapkou.

Нарисуй мне наше счастъе,
Narisouy mnye nashe schast'ye,
Счастье, как небо бездонно-синее,
Schast'ye, kak nébo bezdónno-sinéye,
Как время свадьбы, где гости танцуют везде,
Kak vrémya svád'by, gde gosti tantsúyut vezdé,
Время идёт, пора смотреть в будущее.
Vrémya idyót, porá smotret' v budúshcheye.

Нарисуй мне моё детство,
Narisouy mnye moyo détstvo,
Детство, когда всё было естественно,
Détstvo, kogdá vsyo býlo yestéstvenno,
Когда всё возможно, и всё невероятно,
Kogdá vsyo vozmózhno, i vsyo neveroyátno,
И даже старые деревья цвели благоуханно.
I dázhe stárye derev'ya tsvetli blagoukhanno.

Нарисуй мне улыбку мира,
Narisouy mnye ulybku míra,
Улыбку для каждого человека,
Ulybku dlya kázhdogo chelovéka,
Чтобы даже в холодных снегах
Chtóby dázhe v khólodnykh snegákh
Сияло тепло в сердцах навека.
Siyálo tepló v serdtsákh naveká.

Dessine-moi un sourire

[Traduction française]

Dessine-moi ton sourire,
Un sourire que je n'oublierai jamais,
Que j'emporterai avec moi pour toujours
Et que je porterai comme une chapka quand il fera froid.

Dessine-moi notre bonheur,
Un bonheur profond comme un ciel sans fin,
Comme le temps d'un mariage où les invités dansent partout.
Le temps s'enfuit, il faut regarder vers l'avenir.

Dessine-moi mon enfance,
L'enfance où tout semblait naturel,
Où tout était possible et même incroyable,
Où même les vieux arbres embaumaient l'air en fleurissant.

Dessine-moi le sourire du monde,
Un sourire offert à chaque être humain,
Pour que même dans les neiges glacées
Brille dans les cœurs une chaleur éternelle.

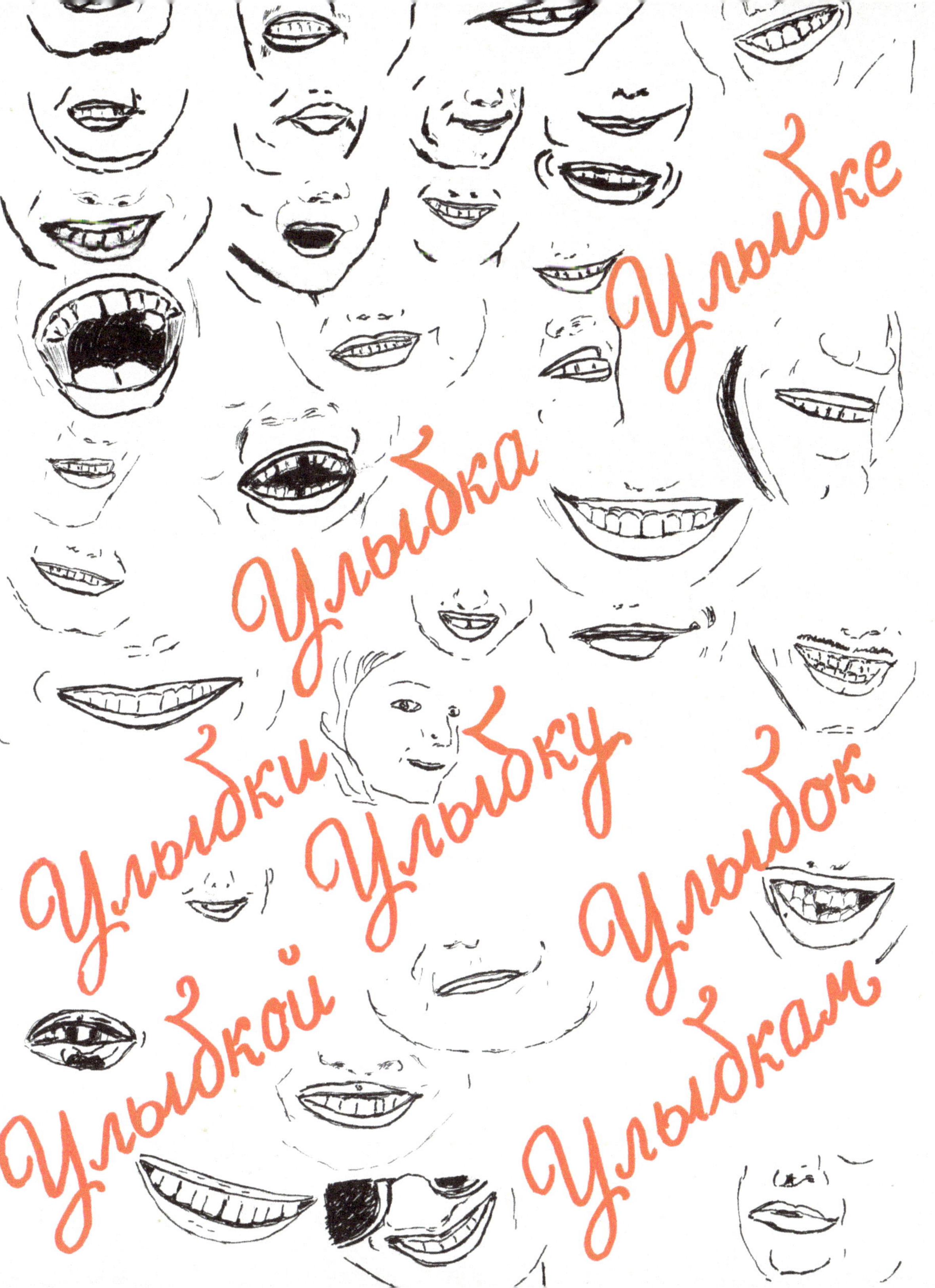

#58

Pour retrouver l'innocence d'un sourire d'enfance, laissez-vous guider jusqu'à Shanghai en Chine.

Le lampion de Shanghai

#9

Quand le sourire devient déclaration d'amour et quête spirituelle, la route vous mène au Bhoutan.

Je t'aime

#27

Si l'optimisme permet d'affronter l'imprévu de la vie, le chemin vous conduit à Hyderabad en Inde.

Demain je serai ta femme

Le cri des enfants

[Traduction française]

Quarante-deux lions de pierre me fixent sévèrement,
Alignés le long des palais rouges de la Cité interdite.
Alors que je marchais d'un pas pressé,
Quarante-deux enfants éclatent de rire devant moi.

Et soudain je m'arrête.

Leurs cris fusent, aigus comme des volées d'oisillons,
Leurs yeux brillent comme des flammes dans la nuit.
Le souffle du vent, l'herbe sous leurs pieds,
Tout devient pour eux source de jeu et de joie.

Et moi, figé comme ces lions de pierre,
Je scrute leurs pas incertains, leur peau fragile,
J'essaie de comprendre leur langage secret,
Celui que seuls les cœurs purs savent entendre.

L'enfance est un souvenir endormi,
Qui au détour d'un chemin ou d'une odeur se réveille,
Un souffle du présent que nous pouvons retrouver
Si nous choisissons d'aimer plutôt que d'accumuler.

Quarante-deux lions de pierre me sourient tendrement,
Quarante-deux mille cris de joie me transpercent.
Ma vie n'a pas de prix.
Alors je crie de bonheur car je réalise que je suis vivant !

Avez-vous perçu la joie sonore nichée dans ces quarante-deux lions de pierre (en chinois: 四十二只石狮子 Sìshí'èr zhī shí shīzi) ?

孩子的呼喊

Háizi de hūhǎn [Translittération]

四十二只石狮子严厉地盯着我，
Sìshí'èr zhī shí shīzi yánlì de dīngzhe wǒ,
沿着紫禁城红色的宫殿排列。
Yánzhe Zǐjìnchéng hóngsè de gōngdiàn páiliè.
我快步走过的时候，
Wǒ kuàibù zǒuguò de shíhòu,
四十二个孩子在我面前笑了起来。
Sìshí'èr gè háizi zài wǒ miànqián xiàole qǐlái.

我忽然停下脚步。
Wǒ hūrán tíng xià jiǎobù.

他们的叫声，如同小鸟成群扑翅，
Tāmen de jiàoshēng, rútóng xiǎoniǎo chéngqún pūchì,
他们的眼睛，像黑夜里燃烧的火焰。
Tāmen de yǎnjīng, xiàng hēiyè lǐ ránshāo de huǒyàn.
风吹过，草在脚下，
Fēng chuīguò, cǎo zài jiǎoxià,
一切都成了游戏与喜悦的源泉。
Yīqiè dōu chéngle yóuxì yǔ xǐyuè de yuánquán.

而我，此刻像这些石狮子一样僵立，
Ér wǒ, cǐkè xiàng zhèxiē shí shīzi yīyàng jiānglì,
凝视他们不稳的步伐，他们脆弱的肌肤，
Níngshì tāmen bù wěn de bùfá, tāmen cuìruò de jīfū,
我试着理解他们神秘的语言，
Wǒ shìzhe lǐjiě tāmen shénmì de yǔyán,
那是只有纯洁的心才能听懂的声音。
Nà shì zhǐyǒu chúnjié de xīn cáinéng tīngdǒng de shēngyīn.

童年是一段沉睡的记忆，
Tóngnián shì yī duàn chénshuì de jìyì,
在小路的转角或气息中忽然苏醒，
Zài xiǎolù de zhuǎnjiǎo huò qìxī zhōng hūrán sūxǐng,
那是一口当下的气息，
Nà shì yī kǒu dāngxià de qìxī,
如果我们选择去爱而不是去囤积，就能再次找到。
Rúguǒ wǒmen xuǎnzé qù ài ér bùshì qù túnjī, jiù néng zàicì zhǎodào.

四十二只石狮子温柔地对我微笑，
Sìshí'èr zhī shí shīzi wēnróu de duì wǒ wēixiào,
四万二千声欢笑刺透我心。
Sì wàn èr qiān shēng huānxiào cì tòu wǒ xīn.
我的生命无价，
Wǒ de shēngmìng wújià,
于是我放声欢呼，因为我意识到：我活着！
Yúshì wǒ fàngshēng huānhū, yīnwèi wǒ yìshídào: wǒ huózhe!

#5
Si cette énergie vous appelle au don, cap sur Séoul.
Heureux celui qui donne

#63
L'âme encore enfantine ? Une légende vous attend au bord du lac Titicaca.
L'enfant du lac Titicaca

#12
Ce cri vous ramène à la chaleur de la famille ? Partons pour Riyad.
Ma famille pour plus grande richesse

#32
Ou peut-être cette parenthèse vous interroge-t-elle sur l'importance des choix dans la vie. Retrouvons-nous alors à Stockholm.
L'heure des choix

Le marché du bonheur

[Traduction française]

Je suis allé au marché pour acheter des tomates.
Il n'y avait pas de tomates à vendre,
mais en échange on m'offrait des sourires au passage.

Je prévenais les gens de faire attention,
de ne pas marcher dans le sang de poulet qui coulait au sol,
mais eux ne voyaient que le ciel limpide,
et le soleil qui, disaient-ils, purifie tout.

Moi je sentais une odeur de pourriture,
mais on me répondit que c'était le piment sec et le maïs grillé,
ce parfum brûlant qui emplit toujours le marché.

En voyant la pauvreté, je pensais distribuer quelques dollars,
mais soudain tous se mirent à danser,
à chanter, à crier,
et plus personne ne voulait me regarder.

Au marché du bonheur j'ai acheté tout ce qui pouvait s'acheter,
mais la joie, qui emplissait l'air,
m'a glissé entre les doigts,
car elle n'était pas à vendre.

J'aurais échangé tout ce que je possédais
contre une seule minute de cette joie !
Mais je n'ai jamais compris pourquoi ce vieil homme édenté,
à la chemise déchirée, riait, riait, riait...

El mercado de la felicidad

Al mercado fui a comprar tomates.
No había tomates a la venta,
pero en cambio me ofrecieron
sonrisas al pasar.

Les decia a la gente que tuviera cuidado,
que no pisara la sangre del pollo en el suelo,
pero ellos sólo veían el cielo puro,
y el sol que lo sabe iluminar todo.

A podredumbre se olia por todo lado,
pero me respondieron que era
chile seco y maíz tostado,
la fragancia caliente que
siempre llena el mercado.

Al ver la pobreza pensé en
repartir unos dólares,
pero de pronto todos se pusieron a bailar,
a cantar, a gritar,
y ya nadie me quiso mirar.

En el mercado de la felicidad
compré todo lo comprable,
pero la alegría, que llenaba el aire,
se me escapó entre los dedos,
porque no estaba en venta.

¡Hubiera cambiado todo lo que tenía,
por un solo minuto de aquella alegría!
Pero nunca entendí por qué
ese viejo desdentado,
con camisa rota, se reía, se reía, se reía...

#10

Quand votre passage dans le marché déclenche une faim gargantuesque, foncez à Bordeaux en France.

Viens faire la fête, compère Cholestérol !

#34

Si c'est le sentiment de solitude qui vous interpelle, poursuivez votre voyage à Plymouth au Royaume-Uni.

La petite saucisse de Mrs Twick

#6

Passer du rire au sourire ? Sautez dans des habits chauds et partez en Sibérie, à Iakoutsk en Russie.

Dessine-moi un sourire

Je t'aime

[Traduction française]

Tu as des yeux d'eau claire, profonds comme les vallées de Paro,
dans lesquels je lis ta vie et où se reflète la mienne.

Tu as ce sourire, doux et généreux,
qui réchauffe le monde comme les drapeaux de prières sous le vent.

Tu as cette sérénité, patiente et immuable,
comme les montagnes qui veillent sur les temples silencieux.

Tu as cette générosité qui te rend immortelle,
ce visage que je connais par cœur
mais que je ne saurai jamais dessiner sans le trahir.

Et puis il y a toi, dans le plus profond de ton être,
toi que j'aime pour ce que tu es et non pour ce que tu as,
pure comme l'air du matin sur les cimes.

ངས་ཁྱེད་ལ་དགའ་བ་ཡོད།

Ngé khyé la ga-wa yö [Translittération]

ཁྱེད་ཀྱི་མིག་ནི་ཆུ་དཀར་པོའི་མཚོ་བཞིན་ཟབ་པ།
kyé kyi mig ni tchou karpo tso zhin zabpa,
པ་རོའི་ལུང་པ་བཞིན།
Pa-ro'i loungpa zhin,
དེ་ནང་ངས་ཁྱེད་ཀྱི་ཚེ་ཀློག་ནས།
dé nang ngé kyé kyi tsé lok né,
ངའི་ཚེ་ཡང་དེ་ནང་འཆར།
ngé tsé yang dé nang char.

ཁྱེད་ཀྱི་འཛུམ་མོ་ནི་འཇམ་པ་དང་སྦྱིན་པ་ཡོད།
kyé kyi dzoum-mo ni jampa dang jinpa yö,
དེས་རླུང་གི་ནང་གི་དར་ལྕོག་བཞིན།
dé loung gi nang gi darchok zhin,
འཛམ་གླིང་ཚ་བར་བྱེད།
dzam-ling tsawar jé.

ཁྱེད་ལ་ཡོད་པའི་ཞི་བ་ནི།
kyé la yöpa'i shiwa ni,
བཟོད་པ་དང་མི་འགྱུར་བ།
zöpa dang migyourwa,
དགོན་པ་སྲུང་བའི་རི་བོ་བཞིན།
gönpa soungwa'i ribo zhin.

ཁྱེད་ཀྱི་སྦྱིན་པ་དེས་ཁྱེད་མི་འཆི་བར་བྱེད།
kyé kyi jinpa dé kyé mitchiwa jé,
ཁྱེད་ཀྱི་ཞལ་རས་ནི་ངས་སྙིང་ནས་ཤེས།
kyé kyi zhalré ni ngé nying né shé,
ཡིན་ནའང་དེ་དྲིས་ན་དེ་ལ་གནོད།
yin nang dé dri na dé la nö.

དེ་ལས་ཀྱང་ཁྱེད་རང་།
dé lé kyang kyé rang,
ཁྱེད་ཀྱི་ནང་གི་དོན་དམ་ལ།
kyé kyi nang gi döndam la,
ཁྱེད་ག་རེ་ཡིན་པར་ངས་དགའ།
kyé garé yinpar ngé ga,
ཁྱེད་ག་རེ་ཡོད་པ་མ་ཡིན།
kyé garé yöpa mayin.

རི་རྩེའི་ཞོགས་པའི་རླུང་བཞིན་གཙང་།
ritsé'i zhogpa'i loung zhin tsang.

#27

Depuis les cimes de l'Himalaya, laissez cette déclaration d'amour descendre vers l'Inde. Prenez la direction d'Hyderabad.

Demain je serai ta femme

#58

Portée par les vents, elle peut aussi rejoindre la Chine et prendre la forme d'un amour raconté par un enfant. Rejoignez Shanghai.

Le lampion de Shanghai

#11

Plus loin encore, l'amour devient fidélité absolue au Brésil. Retrouvons-nous à Rio de Janeiro.

Ma vie est samba

#36

Si vous souhaitez explorer l'amour là où il est le plus fragile, rendez-vous à Gaza.

Aux enfants de la guerre

Viens faire la fête, compère Cholestérol !

Huîtres du bassin d'Arcachon, foie gras
du Sud-Ouest, saumon fumé maison,
Petits plats en sauce longuement mijotés,
quelques trous gascons - pour pouvoir,
un temps soit peu, respirer -
Puis entrecôte saignante, fromages du pays,
Sans oublier, bien sûr, ce petit fondant au
chocolat émergeant avec peine (mais courage !)
au-dessus d'une épaisse crème anglaise.

Pour arroser ce festin, je vous
propose un Pomerol,
à la structure virile et à la maturité
noble, avec des arômes subtils de
sous-bois et de champignons.
Ou encore un Saint-Julien,
avec ses notes de cassis, de violette
et de cuir finement patiné.
Et pour les plus curieux, pourquoi ne pas
succomber à un Hermitage des Côtes-du-Rhône,
où la trame aromatique s'impose, séductrice,
élégante, parfumée et puissante.

Observez par vous-mêmes ces belles
jambes dans votre verre !
Sentez ! Au nez, voyez-vous,
vous y trouverez pêle-mêle des notes de mûre,
de vanille, de poivre noir, de réglisse et de café.
Laissez-le s'aérer et voyez comme les arômes
gagnent en ampleur et en profondeur.

Ce soir, mon ami, mon frère, mon
cher compère Cholestérol,
je ne te laisserai mourir ni de faim ni de soif !
Je veux que tu te sentes comme chez
toi, que tu passes une bonne soirée,
et que tu me racontes, entre deux gorgées, tes
plus belles histoires de cave et de vendanges.

Et quand ta panse sera pleine à éclater,
que ton rire fera vibrer les murs de pierre,
je lèverai mon verre avec toi à
la santé des bons vivants,
ceux qui savent qu'un repas partagé
vaut bien cent sermons.

On ne vit qu'une vie, mon ami et il faut
bien mourir de quelque chose, non ?
Et puis, moi, je ne serai jamais gros
comme ces pauvres Amerloques,
gonflés comme des ballons à
coups de Coca et de MacDo !
Saviez-vous que mes grands-parents ont
tous vécu jusqu'à plus de cent ans ?
C'est vrai que, si l'on retire le
temps qu'ils ont passé à table,
ils sont morts jeunes, les pauvres...

En tout cas, si les médecins veulent
m'enterrer vivant en me mettant à la diète,
qu'ils le fassent après ma mort !
Sans blague (hic) !

C'est vrai, mon pire ennemi en moi est
devenu mon plus doux confident :
tous deux, nous aimons les
Humanistes, surtout Rabelais.
Allons profiter du jour présent, compère :
à quoi bon remuer nos craintes et nos peines ?

Ripaillons, ripaillons de plus belle !
Car qui nous dit que demain nous
serons encore de ce monde ?

#25

Si vous voyez dans cette scène un jeu dangereux pour la santé, prenez le chemin de Singapour.

Le jeu de la vie

#44

Quand l'alcool commence à faire vaciller les certitudes et libère la parole, le regard glisse jusqu'à Saint-Pétersbourg.

Donnez-moi une minute pour refaire le monde

#11

Après un tel repas, l'envie de danser peut devenir irrépressible. Prenez le large à Rio de Janeiro.

Ma vie est samba

#4

Tout ceci vous donne plutôt envie d'entendre chanter ? Rendez-vous à Chicago.

La voix du blues

Minha vida é samba

Eu danço.
Lá no alto do morro que abraça a linda baía do Rio, eu danço.
O sol beija minha pele morena e ri comigo,
o vento brinca nos meus cabelos crespos.

As crianças correm atrás da bola,
gritando "gol!" pelos becos estreitos.
Os tambores chamam, os corpos respondem,
e o morro inteiro vira música.

Eu danço.
Não porque a vida é fácil na favela,
mas porque ela é bonita demais pra ficar parada.
O samba mora em mim, bate no meu peito,
me levanta, me gira, me faz sonhar.

O som do carnaval vai se afastando,
uma gota de suor desliza pela minha testa,
a última nota se apaga na pele,
e sinto um olhar que me encontra.

Alguém que me olha todo dia,
sem dizer nada, sem pedir nada,
que me segue quando subo, quando desço,
que me espera quando o sol se deita.

Um olhar que entende meus silêncios,
que respira minha alegria e meu cansaço.
Nos olhos dele, minha vida dura vira ternura.

E quando a noite cobre o morro,
lá embaixo a cidade brilha suave sobre o mar,
então ele se deita aos meus pés, tranquilo...
Meu melhor amigo...
Meu cão Samba...

Ma vie est samba

[Traduction française]

Je danse.
Tout en haut de la colline qui surplombe la magnifique baie de Rio, je danse.
Le soleil embrasse ma peau mate et rit avec moi,
le vent joue dans mes cheveux crépus.

Les enfants courent derrière un ballon,
criant "gol !" au fond des ruelles.
Les tambours appellent, les corps répondent,
et toute la colline devient musique.

Je danse.
Pas parce que la vie est facile dans la favela,
mais parce qu'elle est trop belle pour rester immobile.
La samba vit en moi, elle bat dans ma poitrine,
me soulève, me tourne, me fait rêver.

Le son du carnaval s'éloigne peu à peu,
une goutte de sueur glisse sur mon front,
la dernière note s'efface sur ma peau,
et je sens un regard qui me trouve.

Quelqu'un qui me regarde chaque jour,
sans rien dire, sans rien attendre,
qui me suit quand je monte, quand je descends,
qui m'attend quand le soleil s'endort.

Un regard qui comprend mes silences,
qui respire ma joie et ma fatigue.
Dans ses yeux, ma vie rude devient tendresse.

Et quand la nuit recouvre la colline,
en bas, la ville brille doucement sur la mer,
alors il s'allonge à mes pieds, tranquille...
Mon meilleur ami...
Mon chien Samba...

#18

Si le courage de cette femme qui danse envers et contre tout vous inspire, partez pour l'île de Sulawesi, en Indonésie.

Ce que je veux pour mes enfants

#15

Pour soutenir un combat mené sans peur contre l'oppression du régime en place, retrouvons-nous à Ispahan.

La rose et le désert

#52

Quand la danse semble ne jamais devoir s'arrêter, mettez le cap sur Kyoto.

Un jour sans fin

Ma famille pour plus grande richesse

[Traduction française]

On dit que je suis riche,
mais ils ne savent pas que ma richesse n'est ni l'argent, ni les maisons, ni l'or.
Ma véritable richesse est ma famille,
quand je suis entouré de mes parents, de mes oncles et
tantes, de mes grands-parents, et de toute ma parenté.

Nous nous asseyons tous par terre, autour du *sufrah*,
nous mangeons et parlons de la vie,
de nos besoins, de nos espoirs et de nos rêves.
Nous nous écoutons les uns les autres, nous nous soutenons,
nous échangeons, nous rions et nous prions ensemble.

Inch'Allah, que notre famille demeure en sécurité
face aux épreuves de ce monde moderne,
où les enfants grandissent seuls,
où les familles se disloquent
et où les gens restent devant les écrans
jusqu'à oublier le visage de ceux qu'ils aiment.

Ici, nous vivons comme une seule communauté.
Nous honorons l'invité, nous nous réjouissons de ceux qui nous rejoignent
et nous les invitons à un repas abondant, empli d'amour.

La patrie tout entière, depuis toujours,
n'est-elle pas une seule grande famille ?

عائلتي هي أغلى ثروتي

[Translittération] ’ā’ ilatī hiya aghlā tharwatī

،يقول الناس إني غنيّ
Yaqūlu an-nāsu innī ghanīy,
.لكنهم لا يعلمون أن ثروتي ليست من مالٍ أو بيوتٍ أو ذهب
lākinnahum lā yaʿlamūna anna tharwatı laysat min mālin aw buyūtin aw dhahab.
،ثروتي الحقيقية هي عائلتي
Tharwatī al-ḥaqīqiyyah hiya ʿāʾilatī,
.حين أكون محاطًا بوالديّ، وأصهاري، وأعمامي، وعمّاتي، وأجدادي
ḥīna akūnu muḥāṭan bi-wālidayya, wa-aṣhārī, wa-aʿmāmī, wa-ʿammātī, wa-ajdādī.

،نجلس جميعًا على الأرض، حول السُّفرة
Najlisu jamīʿan ʿalā al-arḍ, ḥawla as-sufrah,
.نأكل ونتحدث عن الحياة، عن حاجاتنا وآمالنا وأحلامنا
naʾkulu wa nataḥaddathu ʿan al-ḥayāh, ʿan ḥājātinā wa ʾāmālinā wa aḥlām.
،نستمع إلى بعضنا البعض، نساند بعضنا
Nastamiʿu ilā baʿḍinā al-baʿḍ, nasāʿidu baʿḍanā,
.نتشاور، نضحك، ونصلّي معًا
natashāwar, naḍḥaku, wa nuṣallī maʿan.

،إن شاء الله، تبقى عائلتنا في أمانٍ من مصائب هذا العالم الحديث
In shāʾa Allāh, tabqā ʿāʾilatunā fī amānin min maṣāʾib hādhā al-ʿālam al-ḥadīth,
،حيث يكبر الأطفال وحدهم
ḥaythu yakburu al-aṭfāl waḥdahum,
،وتتفكك الأسر
wa tatafakkaku al-usar,
.ويجلس الناس أمام الشاشات حتى ينسوا وجوه أحبّتهم
wa yajlisu an-nāsu amāma ash-shashāt ḥattā yansaw wujūha aḥibbahum.

،هنا نعيش كجماعة واحدة
Hunā naʿīshu ka-jamāʿatin wāḥidah,
،نكرم الضيف، ونفرح بمن ينضمّ إلينا
nukrimu aḍ-ḍayf, wa nafraḥu biman yanḍammu ilaynā,
.وندعوه إلى طعام وفيرٍ مفعم بالمحبة
wa nadʿūhu ilā ṭaʿāmin wafirin mafʿūmin bil-maḥabbah.

،أليس الوطن بأسره، منذ الأزل
Alaysa al-waṭanu bi-asrihi, mundhu al-azal,
عائلةً كبيرةً واحدة؟
ʿāʾilatan kabīratan wāḥidah?

#5

Si ce repas de famille incite à la générosité, poursuivez la route vers Séoul, en Corée du Sud.

Heureux celui qui donne

#27

Pour entrer dans une autre intimité, marquée par le doute et le devoir, faites route vers Hyderabad, en Inde

Demain je serai ta femme

#16

Quand il ne reste plus rien à posséder, pas même la famille, faites le saut vers Almaty, au Kazakhstan.

Quand il n'y a plus d'argent

#57

Pour prier pour la famille sous un ciel étoilé, rendez-vous chez les Dogons, au Mali.

Sous le ciel Dogon

Cette page est la vôtre. Vous pouvez par exemple figer un moment suspendu : un lieu, une émotion, un mot entendu ici ou ailleurs, une photo, un dessin...

VOULOIR
un monde meilleur

La música de la Revolución

¡Eh, amigo!
¿Nada has oído?

¡Y sin embargo sólo de eso,
Por toda la ciudad se habló!
Finalmente ha ocurrido
el milagro,
¡Porque la Revolución
nos lo traerá todo!

¡Eh, amigo!
¡Puedes alegrarte!

Ahora todos nosotros,
Seremos iguales,
Ya no habrá más ni
pobres ni ricos,
Ni hambre, ni huracanes,
¡Adiós burocracia
y explotación!
¡Viva la Revolución!

¡Eh, amigo!
¿Por qué no me escuchas?

Que sí, yo el programa
lo conozco:
Prevé devolver el
poder al pueblo,
Promover la educación y
deporte para la juventud,
Para los viejos, respeto y salud,
Pan cada día para los
que no tuvieran,
¡Y sobre todo, libertad!

¡Eh, amigo!
¿No te opondrás, a que no?

Compadre, por Dios,
¡Abre los ojos!
No ves que por las calles,
El pueblo se muere de hambre,
Por culpa de ese dictador,
Elegido tras una
campaña de terror,
Que ha desfalcado
todo el dinero,
De nuestro país sin
embargo tan rico.

¡Eh, amigo!
¿Por qué haces las maletas?

Es verdad que ahora tanto
tu trabajo como tu dinero
Podrían oler a podrido,
A menos que quieras
compartir todo lo que tienes,
Pero no te enfades,
Podrás seguir cultivando
tu caña o tu campo,
Y también conservar
parte de tu dinero,
Si, claro está, estás
dispuesto a cooperar,
Venga, de nada te
sirve temblar...

¡Eh, amigo!
Oyes, ya llega,

Oye, esta música que viene,
"¡Cambiaremos el
mundo!" dice,
Es la música de la Revolución,
de nuestra Revolución,
¿Qué? ¿Que ya es tu
tercera Revolución?
¡Anda ya, viejecito!
Ven, ven a bailar conmigo,
Y te aseguro que de
verdad verás,
Qué guapas son las chicas
Cuando de uniforme
van vestidas,
Y de la mano llevando
metralletas...

La musique de la Révolution

Traduction française

Hé, mon ami,
Tu n'as rien entendu ?

Et pourtant, partout
dans la ville,
On ne parle que d'elle !
Enfin, le miracle est arrivé :
La Révolution nous
apportera tout !

Hé, mon ami,
Tu peux te réjouir !

Désormais, nous
serons tous égaux,
Il n'y aura plus ni
pauvres ni riches,
Ni faim ni ouragans.
Adieu la bureaucratie
et l'exploitation !
Vive la Révolution !

Hé, mon ami,
Pourquoi ne m'écoutes-
tu pas ?

Oui, je connais le programme :
Redonner le pouvoir
au peuple,
Promouvoir l'éducation et
le sport pour la jeunesse,
Le respect et la santé
pour les anciens,
Du pain chaque jour pour
ceux qui n'en ont pas,
Et surtout, la liberté !

Hé, mon ami,
Tu ne vas pas me dire
que tu t'y opposes ?

Compadre, voyons,
ouvre les yeux !
Ne vois-tu pas, dans les rues,
Le peuple qui meurt de faim,
À cause de ce dictateur,
Élu après une campagne
de terreur,
Qui a détourné tout l'argent
De notre pays
pourtant si riche ?

Hé, mon ami,
Pourquoi fais-tu ta valise ?

C'est vrai que le fruit
de ton travail,
Et ton argent pourraient
sentir le moisi,
À moins que tu ne
veuilles partager tout
ce que tu possèdes.
Mais ne t'énerve pas,
Tu pourras continuer
à cultiver ta canne
ou ton champ,
Et même garder une
partie de ton argent,
Si, bien sûr, tu acceptes
de coopérer.
Allons, ça ne sert à
rien de trembler...

Hé, mon ami,
Écoute, la voilà !

Écoute cette musique
qui s'avance,
Elle dit : "Nous changerons
le monde !"
C'est la musique
de la Révolution, de
notre Révolution !
Comment ? Déjà ta
troisième Révolution ?
Allons, vieux frère, viens
danser avec moi !
Et tu verras, vraiment,
Comme les filles sont belles,
Lorsqu'elles portent
l'uniforme
Et tiennent dans la main
des mitraillettes...

LA MUSICA DE LA REVOLUCION

#53

Si, dans ce tumulte, plus rien ne vous étonne, pas même un révolutionnaire sanguinaire dans un fast-food, dirigez-vous vers Moscou.

Staline au McDonald's

#4

Quand cette musique résonne plutôt comme un concert intime, partez pour Chicago.

La voix du blues

#20

Si cette Révolution invite à réfléchir au courage nécessaire pour défendre les droits humains, filez vers Berlin.

Berlin au matin

#41

Quand la Révolution évoque le sang et l'horreur, rendez-vous à Bagdad, en Irak.

La larme du kamikaze

#24

Lorsque la Révolution semble conduire à un précipice, prenez la route pour Ushuaia, en Argentine.

Quand la route prend fin

Un mouton, deux moutons

[Traduction française]

Un mouton, deux moutons...
Je n'arrive pas à dormir...
Je fixe le plafond depuis des heures.
Mon cerveau refuse de se taire.
Il saute d'une idée à l'autre, comme
un gamin agité dans le noir.

Je pense à notre planète.
Quelle honte de la laisser dans
un tel état à nos enfants.
Comment se fait-il que l'intelligence
artificielle ne sache même pas résoudre
le changement climatique ?
Comment avons-nous pu laisser nos terres
et nos océans se dégrader à ce point ?
Et moi, qu'est-ce que je fais
là-dedans, honnêtement ?
Bon, j'ai arrêté d'acheter des
bouteilles en plastique.
Mais ce n'est pas exactement
sauver le monde...

Puis je pense à toutes ces guerres
qui continuent partout.
Je croyais qu'on en avait fini avec ça,
que les Nations Unies seraient un lieu
pour parler, pour trouver des solutions.
Les politiciens ont l'air trop occupés à
défendre leur pouvoir ou leurs intérêts.
Et moi ?
Qu'est-ce que je fais pour changer ça ?
Ai-je seulement essayé de m'impliquer,
de changer quoi que ce soit ?

Et maintenant ?
La pauvreté. La bêtise.
Les inégalités. Tout y passe.
Tous ces problèmes tournent
en boucle dans ma tête,
comme une machine à laver qu'on n'arrête plus.
Plus je pense, plus je me sens petit.
C'est peut-être ça, le problème :
vouloir réparer le monde depuis son lit.

Bon, stop.
Restons simples.
Dès demain, j'arrête de manger de la viande.
Je sourirai à un inconnu.
Je parlerai à quelqu'un que personne n'écoute.
Ce n'est qu'une goutte d'eau dans l'océan...
mais au moins, c'en est une.

À propos d'océan...
Je me demande soudain combien de voiles
compte exactement l'Opéra de Sydney.
Cinq ? Six ?
Je l'ai vu des centaines de
fois, je devrais le savoir.

Bon, ça suffit pour ce soir.
Il est temps de trouver enfin le sommeil.
Un mouton. Deux moutons.

One Sheep, Two Sheep

One sheep, two sheep...
I can't sleep...
I've been staring at the ceiling for hours.
My mind won't shut up.
It keeps jumping from one thought to another like a restless kid in the dark.

I start thinking about our planet.
What a shame to leave it in such a mess for our kids.
How come artificial intelligence can't even fix climat change?
How did we let our land and oceans get this bad?
And what am I doing about it, really?
Okay ! I've stopped buying plastic bottles.
Not exactly saving the world though.

Then I think about all the wars still raging everywhere.
I thought we were done with that, that the United Nations
would be a place for talking, for solving things.
Politicians seem too busy fighting for power or protecting their own interests.
And me?
What am I doing about it?
Did I even try to get involved, to change something, anything?

Now what?
Poverty. Stupidity. Inequality. You name it.
All these problems spinning around like a washing machine in my head.
The more I think, the smaller I feel.
Maybe that's the problem : trying to fix the world from bed.

Alright, enough.
Let's keep it simple.
Starting tomorrow, I'll stop eating meat.
I'll smile at a stranger.
I'll talk to someone no one talks to.
It's just a drop in the ocean...
but at least it's a drop.

By the way, talking about the ocean...
I start wondering how many sails the Sydney Opera House actually has.
Five? Six?
I've seen it a hundred times, I should know.

Okay ! enough for tonight.
Let's finally get some sleep.
One sheep. Two sheep.

#38

Si le sommeil se dérobe et que la nuit bascule vers le cauchemar, rendez-vous à Los Angeles.

J'ai fait un cauchemar

#13

Pour transformer l'agitation intérieure en action radicale, partez vivre une Révolution à Cuba.

La musique de la Révolution

#6

Quand le calme revient et qu'un simple sourire suffit pour s'endormir, échappez-vous vers Iakoutsk, en Sibérie.

Dessine-moi un sourire

#37

Pour rencontrer une mère maorie inquiète pour son fils, suivez les moutons en Nouvelle-Zélande.

Le silence après le haka

#57

Besoin de respirer dehors en observant les étoiles ? Laissez la nuit vous guider vers le pays dogon, au Mali.

Sous le ciel Dogon

La rose et le désert [Traduction française]

Sur la grande place *Naghsh-e Jahan*, une vieille femme vend des roses d'Ispahan.

Elles viennent d'un jardin caché derrière une porte sans nom,
un de ces lieux qu'on protège du regard des hommes,
parce qu'ils rappellent que la beauté n'appartient à personne.

On dit que ces roses poussent sur une terre sèche,
irriguée par un canal ancien, un *qanat* oublié des ingénieurs.

Chaque matin, elle en cueille quelques-unes
et les apporte au marché avant que la police ne s'éveille.

Le parfum s'échappe de ses paniers comme une prière interdite.

Autour d'elle, les minarets surveillent le ciel.
Les ponts d'Ispahan enjambent la rivière *Zayandeh*,
mais l'eau ne coule plus depuis longtemps.

Les hommes parlent de foi,
les femmes, elles, continuent de planter des fleurs.

*"Les mollahs ont pris nos voix,
mais pas nos racines,"* dit-elle.

Elle cite Hafez, le poète qu'on lit encore en cachette :
*"La rose ne craint pas les épines,
car son parfum est sa liberté."*

Elle ne crie pas, elle agit.
Elle refuse la peur, une rose à la fois.

Sous son voile, ses yeux sont clairs, décidés, vivants.
Ils ont vu les promesses brisées, les guerres, les martyrs,
et pourtant ils cherchent toujours la lumière.

Ce n'est pas la poésie qui la guide,
c'est la certitude que les choses peuvent changer.

Elle croit que chaque livre ouvert,
chaque mot murmuré, chaque fille qui relève la tête,
est une victoire contre le désert.

Le soir, quand la place se vide,
elle ramasse les pétales tombés.

Elle dit que demain, elle recommencera.
Que le régime tombera, comme tombent les feuilles,
mais que la rose, elle, reviendra toujours.

گل و بیابان

[Translittération] Gol o biâbân

.در میدان نقش‌جهان، پیرزنی گل‌های محمدی می‌فروشد
Dar meydân-e Naqsh-e Jahân, pîr-zanî golhâ-ye Mohammadî mî-forûshad.

،می‌گویند از باغی پنهان آمده‌اند
Mî-guyand az bâghî penhân âmade-and,

،پشت دری بی‌نام
posht-e darî bî-nâm,

،جایی که از نگاه مردان پنهانش می‌کنند
jâyî ke az negâh-e mardân penhânash mî-konand,

.زیرا یادآور می‌شود که زیبایی از آن هیچ‌کس نیست
zirâ yadâvar mî-shavad ke zibâ'î az ân-e hîchkas nist.

،می‌گویند این گل‌ها بر خاکی خشک می‌رویند
Mî-guyand în golhâ bar khâkî khoshk mî-ro'yand,

.آبیاری‌شده با قناتی که سال‌هاست مهندسان فراموشش کرده‌اند
âb-yârî-shode bâ qanâtî ke sâlhâst mohandesân farâmûshash karde-and.

هر صبح چند شاخه می‌چینند
Har sobh chand shâkhe mî-chînad

،و پیش از آن‌که پلیس بیدار شود
va pîsh az ân-ke polîs bidâr shavad,

.به بازار می‌آوردشان
be bâzâr mî-âvaradashân.

،عطرشان از سبدهایش بالا می‌رود
'Atrashân az sabadhâ-sh bālā mî-ravad,

.چون دعایی ممنوع
chon do'âyî mamnû'.

،مناره‌ها آسمان را می‌پایند
Manârehâ âsemân râ mî-pâyand,

،و پل‌های اصفهان بر زاینده‌رود گسترده‌اند
va polhâ-ye Esfahân bar Zâyandeh-rûd gostarde-and,

.اما آب سال‌هاست که نمی‌گذرد
ammâ âb sâlhâst ke nemî-gozarad.

،مردان از ایمان سخن می‌گویند
Mardân az îmân sokhan mî-guyand,

.و زنان، آنان هنوز گل می‌کارند
va zanân, ânân hanûz gol mî-kârand.

،می‌گوید: «ملاها صدایمان را گرفتند
Mî-guyad: "Mollâhâ sedâyemân râ gereftand,

».اما ریشه‌هایمان را نه
ammâ rishehâ-ymân râ na."

:حافظ را یاد می‌کند، شاعری که هنوز پنهانی خوانده می‌شود
Hâfez râ yâd mî-konad, shâ'erî ke hanûz penhânî khânde mî-shavad:

،گل از خار نمی‌هراسد»
"Gol az khâr nemî-harasad,

».زیرا عطرش آزادی اوست»
zirâ 'atrash âzâdî-ye ûst."

.فریاد نمی‌زند، عمل می‌کند
Faryâd nemî-zanad, 'amal mî-konad.

.از ترس می‌گذرد، یک گل در هر نوبت
Az tars mî-gozarad, yek gol dar har nobat.

زیر چادرش چشمانی دارد روشن، استوار، زنده
Zîr-e châdorash cheshmânî dârad roshan, ostovâr, zende

،چشمانی که وعده‌های شکسته، جنگ‌ها و شهیدان را دیده‌اند
cheshmânî ke va'dehâ-ye shekaste, janghâ va shahîdân râ dîde-and,

.و هنوز به نور می‌نگرند
va hanûz be nour mî-nenegarand.

،شعر نیست که راهش می‌برد
She'r nist ke râhesh mî-barad,

اما این یقین که اوضاع می‌تواند تغییر کند
bal yaqîn-e taghyîr-e jahân.

،باور دارد که هر کتابی که گشوده می‌شود
Bâvar dârad ke har ketabî ke goshûde mî-shavad,

،هر واژه‌ای که در گوش زمزمه می‌گردد
har vâjeh'î ke dar gush zamzeme mî-gardad,

،و هر دختری که سرش را بالا می‌گیرد
va har dokhtarî ke sarash râ bālā mî-gîrad,

.پیروزی‌ای است بر بیابان
pîruzî'îst bar biâbân.

،شب که میدان خالی می‌شود
Shab ke meydân khâlî mî-shavad,

.گلبرگ‌های ریخته را جمع می‌کند
golbarg-hâ-ye rikhté râ jam' mî-konad.

.می‌گوید فردا باز هم خواهد آمد
Mî-guyad fardâ bâz ham khâhad âmad.

،می‌گوید این رژیم نیز چون برگ‌ها فرو خواهد ریخت
Mî-guyad în rezhîm niz chon barg-hâ forû khâhad rikht,

،اما گل
ammâ gol,

.او همیشه بازخواهد گشت
û hamîshe bâz khâhad gasht.

#35

Si le courage s'accompagne de silence et de souffrance, retirez-vous dans une forêt de Sibérie, près du lac Baïkal, en Russie.

La douleur

#70

Lorsque la résistance consiste à lutter dans un environnement hostile, enfoncez vous dans le Sahara oriental.

Le son de la pluie

#64

Envie de voir la rose et le bleu prendre d'autres couleurs ? Changez d'horizon et rejoignez la Polynésie française.

Couleurs

#47

Quand l'espérance et la foi restent intactes à travers les siècles, prenez la route de Xi'an, en Chine.

Le réveil de l'armée de terre cuite

Quand il n'y a plus d'argent

[Traduction française]

Voilà, c'est tout.
Est-ce que tout le monde
s'en fiche vraiment ?
Je n'ai plus un sou,
est-ce que cela veut dire que
je vais mourir bientôt ?

Allez, dansez, mesdemoiselles !
Chantez, les garçons, pour l'amour !
Allons, vraiment, en ce lieu, à ce moment,
est-ce qu'on peut encore mourir de
faim dans le noir et le silence ?

J'ai encore des rêves, tu sais
et je respire l'air frais, venu des montagnes
de l'Alataou, comme jamais auparavant,
comme s'il fallait sentir la fin
pour enfin commencer à vivre.

Qui est coupable : le communisme, le capitalisme
ou simplement la bêtise des hommes ?
Moi, j'étais médecin, on me respectait.
Mais ils ont balayé partout,
oubliant mon passé, piétinant mon avenir.

Sur la rive des flots déserts, je me tenais là...
Comme une voile solitaire qui blanchit, je la voyais...
Mais ils ont déchiré la voile !
Non, non, je ne suis pas un lâche !

Là, maintenant, je suis prêt à tout,
à vrai dire, prêt à tout... ou peut-être à rien.
Alors, pourquoi ne pas en finir plus vite ?
Ah non ! *La soif de vivre est plus forte...*

S'il te plaît, l'ami, tu n'aurais pas un peu de pain ?

Si tu veux, je te réciterai des poèmes
de Pouchkine et de Lermontov
et je te chanterai les chansons de Vyssotski
mais on dirait que personne n'écoute...
Peut-être suis-je déjà mort... Quelle drôle d'idée...

Когда денег нет

Kogdá déneg nét [Translittération]

Вот, сейчас это всё,
Vot, seichas eto vsyo,
Неужели всем всё равно?
Neuzheli vsem vsyo ravnó?
Денег вообще больше нету,
Deneg voobsche bolshe netu,
Значит ли я скоро умру?
Znachit li ya skoro umrú?

От радости, танцуйте девушки!
Ot rádosti, tantsúyte dévushki!
От любви, спойте мальчики!
Ot lyubví, spóyte málchiki!
Давай, неужели в этом месте, в это время,
Daváy, neuzheli v étom méste, v éto vremya,
В темноте, в тишине страдают от голода?
V temnoté, v tishiné stradáyut ot gólda?

У меня мечты сейчас вполне,
U menya mechty seichás vpolné,
И дышу свежим воздухом, с гор
Алатау, как никогда раньше,
I dyshú svezhím vozdukhom, s gor Alatáu, kak nikogdá rán'she,
Как будто надо чувствовать конец,
Kak búdto nádo chuvstvovat' konéts,
Чтоб начать жить наконец.
Chtob nachát' zhít' nakonéts.

Кто виноват : коммунизм, капитализм
или просто кретинизм людей?
Kto vinovát : kommunízm, kapitalízm ili prósto kretinízm lyudéy?
Я, знайте, доктором был, даже
считались личностью важнейшей,
Ya, znáyte, dóktorom byl, dázhe schitális' lichnost'yu vazhnéyshey,

Но повсюду подмели,
No povsýudu podmelí,
Моё прошлое забыли и будущее протопали.
Moyó próshloye zabyli i búdushcheye protópali.

На берегу пустыных волн, стоял я...
Na beregú pustýnykh voln, stoyál ya,
Как белеет парус одинокий, видел я...
Kak beleét párus odinókiy, vídel ya,
Но они порвали парус!
No oní porvállí párus!
Нет, нет, я не трус!
Net, net, ya ne trúss!

Я сейчас готов на всё,
Ya seichás gotóv na vsyo,
Правда, обо всём скорее готов...
Právda, obo vsóm skoreye gotóv...
Ладно, почему не кончить с этим быстрее?
Ládno, pochemu ne konchit' s étim bystréye?
Ах нет, жажда жизни сильнее...
Akh nyet, zházda zhízni silnéye...

Пожалуйста, парень, за хлеб не сдашь?
Pozháluysta, páren', za khleb ne sdásh'?

Хочешь, я тебе стихи Пушкина и Лермонтова прочту,
Khóchesh', ya tebé stikhí Púshkina i Lérmontova prochtú,
И песни Высоцкого тебе спою,
I pésni Vysótskogo tebé spoyú,
Но кажется, никому не слышно...
No kázhetsya nikomú ne slyshno,
Может быть я действительно
умер... Вот, как интересно...
Mozhet byt' ya deystvítel'no úmer... Vot, kak interesno....

#5

Quand les mots des poètes ne suffisent plus et que seule la générosité permet de tenir, mettez le cap sur Séoul.

Heureux celui qui donne

#8

Si ce qui fait défaut n'est pas l'argent mais la chaleur humaine, prenez la route de Oaxaca, au Mexique.

Le marché du bonheur

#25

Quand la vie ressemble à un jeu où l'on gagne et l'on perd sans cesse, continuez vers Singapour.

Le jeu de la vie

Debout Afrique !

[Traduction française]

Du sable du Kalahari aux forêts du Congo,
des sommets de l'Atlas aux hautes terres d'Éthiopie,
j'ai entendu plus de cris qu'aucun
cœur ne devrait supporter,
j'ai vu plus de douleurs que les
yeux ne peuvent contenir.

Qui es-tu, Afrique ?
Comment les yeux de tes enfants
peuvent-ils être si secs,
que même la peine a oublié comment pleurer ?
Comment peux-tu rester si silencieuse,
alors que tes bébés meurent dans la poussière ?

Terre de musique et de couleurs,
de rires, de rythmes et de ciels infinis,
et pourtant, sous ta beauté,
des cicatrices qui disent la
tyrannie, la faim et la perte.
Qui es-tu, Afrique ?
Non, je veux dire : qui es-tu vraiment, Afrique ?
Combien de temps encore
supporteras-tu ta propre misère ?

Debout, Afrique !
Il est temps de reprendre ce qui
t'a toujours appartenu –
ta sagesse, tes mains, tes rêves.
Arrête l'hémorragie : le monde n'a plus
assez de pansements propres pour toi.
Allons, Afrique, redresse la tête,
coiffe tes cheveux
et marche vers ton avenir,
un avenir d'espérance à saisir *maintenant.*

Et ici, au Cap,
là où la liberté s'est levée derrière
les murs d'une prison,
j'entends encore sa voix,
cette voix calme et inébranlable qui disait :

« Cela semble toujours impossible,
jusqu'à ce qu'on le fasse. »
Les mots de Nelson Mandela
résonnent encore dans les rues et
les montagnes de cette terre.

Je la vois déjà :
l'Afrique des esprits les plus brillants, des cœurs les
plus courageux, des créateurs les plus audacieux,
se rassemblant de tout le continent,
et du reste du monde,
pour bâtir ici, en Afrique, les écoles du savoir.

Je vois des leaders, des artistes, des inventeurs,
animés du désir d'enseigner, de soigner, d'inspirer.
Imagine ces filles et ces garçons
qui reviendront changer la face du monde.
Ils seront les étoiles de la nuit,
ils seront les mains qui façonnent une aube nouvelle,
un monde de tolérance, d'intégrité et de justice.

Debout, Afrique !
L'avenir t'attend depuis toujours.

Stand up
AFRICA

Stand Up, Africa!

From the Kalahari sands to the rainforests of the Congo,
from the Atlas peaks to the highlands of Ethiopia,
I have heard more cries than any heart should bear,
I have seen more pain than the eyes can hold.

Who are you, Africa?
How can the eyes of your children be so dry,
that even grief has forgotten how to weep?
How can your voice remain so silent,
while your babies die in the dust?

You are a land of music and colour,
of laughter, rhythm, and endless skies
and yet, beneath your beauty,
lie scars that speak of tyranny, hunger, and loss.
Who are you, Africa?
No, I mean, who are you, really, Africa?
How long will you endure your own despair?

Stand up, Africa!
It is time to reclaim what has always been yours :
your wisdom, your hands, your dreams.
Stop the bleeding; the world no longer has enough clean bandages for you.
Come, Africa, lift your head,
comb your hair,
and walk toward your future,
a future of hope, waiting to be seized now.

And here, in Cape Town,
where freedom once rose from behind prison walls,
I can almost hear his voice,
that calm, unbroken voice that said:

"It always seems impossible until it's done."
The words of Nelson Mandela
still echo through the streets and mountains of this land.

I can see it already :
the strongest minds, the boldest hearts, the brightest creators,
coming together from every corner of this continent,
and from across the world,
to build schools of knowledge, here, in Africa.

I can see leaders, artists, inventors,
driven by the desire to teach, to heal, to inspire.
Imagine them :
these boys and girls who will return home
to change the face of this world.
They will be the stars of the night,
they will be the hands shaping a better dawn,
a world of tolerance, integrity, and justice.

Stand up, Africa!
The future has been waiting for you all along.

#15

Quand la force de caractère
et le courage discret
suffisent à changer le monde,
partez à Ispahan, en Iran.

La rose et le désert

#11

Si l'élan collectif appelle la joie
et le mouvement, laissez-
vous porter jusqu'aux
hauteurs de Rio de Janeiro.

Ma vie est samba

#27

Pour suivre le courage
d'une autre femme
déterminée, prenez la
route d'Hyderabad, en Inde.

Demain je serai ta femme

Ce que je veux pour mes enfants

[Traduction française]

J'ai cru que le grondement
des machines était le
son du progrès.
Qu'il fallait creuser plus
profond pour que la vie
devienne meilleure.
Quand la mine de nickel
est arrivée, on a applaudi.
Les anciens ont dit que le vent
avait changé de direction.
Nous, les jeunes, nous pensions
que c'était enfin vers l'avenir.

Les motos sont venues,
les écrans aussi et la
nuit s'est illuminée.
On disait que le monde
s'ouvrait à nous.
Mais la rivière s'est troublée,
les poissons ont disparu.
La mer a perdu sa couleur
et la forêt sa voix.

Mon père disait : *« Cette
terre a du mal à respirer »*.
Je ne l'ai pas écouté.
Maintenant, je vois les arbres
disparaître sous la poussière,
et les visages se fermer
comme des fleurs malades.

Un soir, je suis monté
jusqu'aux falaises,
là où dorment les anciens
dans des grottes de pierre.
Sur les murs, leurs mains
sont restées tracées dans
la poussière du temps.
Le vent y entre comme un
murmure d'un autre âge.
Il m'a dit de préserver
leurs secrets,
leurs lieux de repos, leurs
esprits endormis dans la roche.

Et j'ai senti aussi la
détresse de la nature,
le cri d'alarme du macaque
dans les arbres,
le regard perdu du calao
au-dessus des cimes,
et plus loin, sous la mer,
le silence blanc des
coraux assassinés.

Alors j'ai compris.
Je ne veux plus creuser
la terre pour la vider.
Je veux apprendre à la
soigner, à la préserver.
Je veux rejoindre ceux qui
protègent la forêt et la mer,
pour que mes enfants
puissent encore entendre
le chant du vent.

Le soleil se lève sur Morowali.
Les fumées montent
mais le vent commence
à changer de sens.
Et moi, je regarde l'horizon
et j'entends les esprits me dire
de protéger ce qui vit encore.

Apa yang kuinginkan untuk anak-anakku

Aku dulu percaya bahwa gemuruh
mesin adalah suara kemajuan.
Bahwa semakin dalam kami menggali,
semakin baik hidup ini akan menjadi.
Ketika tambang nikel datang,
kami bertepuk tangan.
Para tetua berkata angin telah berubah arah.
Kami, anak-anak muda, berpikir akhirnya
angin itu menuju masa depan.

Motor datang, layar-layar menyala,
malam pun menjadi terang.
Kami berkata dunia kini terbuka bagi kami.
Tapi sungai menjadi keruh, ikan-ikan menghilang.
Laut kehilangan warnanya, dan
hutan kehilangan suaranya.
Ayahku berkata: “Tanah ini sulit bernapas.”
Aku tidak mendengarkannya.

Sekarang kulihat pohon-pohon
lenyap tertutup debu,
dan wajah-wajah menutup seperti
bunga yang sedang sakit.

Suatu malam aku naik ke tebing,
ke tempat para leluhur tidur di gua batu.
Di dinding, tangan mereka masih
tertinggal, terukir dalam debu waktu.
Angin masuk seperti bisikan dari masa yang jauh.
Ia berkata padaku untuk
menjaga rahasia mereka,
tempat peristirahatan mereka, roh-
roh yang tertidur dalam batu.

Dan aku juga merasakan kepedihan alam,
teriakan peringatan si monyet di pepohonan,
tatapan kosong burung rangkong di atas kanopi,
dan lebih jauh, di bawah laut,
keheningan putih terumbu karang yang terbunuh.

Lalu aku mengerti.
Aku tidak ingin lagi menggali bumi
untuk mengosongkannya.
Aku ingin belajar merawatnya, menjaganya.
Aku ingin bergabung dengan mereka
yang melindungi hutan dan laut,
agar anak-anakku masih bisa
mendengar nyanyian angin.

Matahari terbit di Morowali.
Asap naik, tapi arah angin mulai berubah.
Dan aku menatap cakrawala
dan kudengar suara roh berkata:
lindungilah yang masih hidup.

#42
Ce combat devient une question de survie ? Prenez résolument la route de Madagascar.
Le dernier combat

#14
Si cette lutte obsède et empêche de dormir, partez pour Sydney.
Un mouton, deux moutons

#22
Pour placer l'avenir des enfants au cœur de l'éducation, mettez le cap sur l'Éthiopie.
La connaissance vaincra

#7
Quand le besoin est d'entendre à nouveau les cris de joie des enfants, échappez-vous vers Pékin.
Le cri des enfants

#51
Lorsque la voix des esprits invite à faire parler les objets, poursuivez vers la Côte d'Ivoire.
Écoute, écoute

Misère et petits fours

J'ai soupé dans les réceptions
les plus mondaines –
nœuds papillon, noble compagnie et petits
fours enrobés dans des discours préfabriqués,
salons climatisés, lumières trop blanches.

J'ai dormi à même le sol dans
les rues les plus vilaines –
violence quotidienne, poussière rouge,
caniveaux engorgés,
odeurs inhumaines mêlées
d'une insoupçonnable solidarité.

Comme un écran de cinéma qui
se lève et qui s'abaisse,
Comme un écran de cinéma qui
s'abaisse et puis se lève.

J'ai lu et me suis délecté des faits
divers les plus stupides –
presse internationale, chaînes
d'information en continu,
misère cadrée à distance.

J'ai connu les drames les plus sordides –
drogue, kalachnikov, silence coupable,
ne serions-nous pas tous des meurtriers ?

Comme un écran de cinéma qui
se lève et qui s'abaisse,
Comme un écran de cinéma qui
s'abaisse et puis se lève.

J'ai joué au football nu-pieds
dans les rues de Kinshasa –
rires encore innocents, lumière d'Afrique,
joies d'enfants résonnant entre
tôles, sable et béton.

J'ai marchandé sur les marchés poussiéreux
avec de vieilles pièces fatiguées –
je sifflotais dans la foule,
un air appris ailleurs, mal accordé au décor.

Comme un écran de cinéma qui
se lève et qui s'abaisse,
Comme un écran de cinéma qui
s'abaisse et puis se lève.

J'ai étudié dur pour accéder
au monde de la finance –
avec des yeux de poète,
mes chiffres prennent de drôles de couleurs.

Toutes les nuits je parle dans mes
rêves en plusieurs langues –
pour les tâches quotidiennes, le jour,
cela me donne-t-il moins de labeur ?

**Comme un écran de cinéma qui
se lève et qui s'abaisse,
Comme un écran de cinéma que
j'abaisse et que je lève.**

Sommes-nous vraiment allés sur la Lune ?
Pouvons-nous réduire la Terre en poussière ?
L'homme deviendra-t-il un jour immortel ?
Entre intelligence et folie,
y a-t-il encore une frontière ?

**Comme un écran de cinéma que
je lève et que j'abaisse,
Comme un écran de cinéma que
j'abaisse et que je lève.**

Maman, suis-je déjà trop vieux
ou encore trop jeune ?
Saurais-je un jour seulement rendre
un peu de ce que j'ai reçu
et relever la tête de ce myopathe trop faible ?
Mais ça, il paraît que ça ne s'apprend plus.

**Comme un écran de cinéma
que je traverse,
Comme le cinéma de ma
vie qui un jour cesse.**

Alors j'éteins l'écran
et j'entre dans la vraie vie.

#11

Envie de célébrer la vie après avoir éteint l'écran ?
Partez danser sur les hauteurs de Rio de Janeiro.

Ma vie est samba

#48

Quand la richesse côtoie la misère au point de
faire perdre la raison, échappez-vous en Colombie.

Quelle chaleur dans ce froid !

#17

Si le besoin se fait sentir de relever la tête et d'imaginer
un avenir différent, mettez le cap sur l'Afrique du Sud.

Debout Afrique!

Berlin au matin

[Traduction française]

La neige tombe lentement sur Berlin,
comme si le temps voulait s'excuser d'aller trop vite.
Les pas crissent sur l'avenue *Unter den Linden*,
et chaque empreinte disparaît aussitôt
comme pour rappeler que rien ne dure,
pas même les blessures de l'histoire.

Sous la coupole de la cathédrale,
la ville respire un silence apaisé.
Je pense à mes enfants qui jouent quelque part,
et je me demande quel monde nous leur laisserons.
Berlin, toi qui as tout vu,
toi qui as brûlé, été coupée en deux, reconstruite,
tu sais combien la folie des hommes
peut transformer la lumière en nuit.

Je marche dans tes rues et je sens ton cœur battre.
Les cafés s'ouvrent, les discussions s'animent.
Tes murs, marqués à jamais, racontent
ce que la haine peut détruire
et ce que le courage peut reconstruire.
Dans ce calme blanc, j'entends
l'avertissement de ton histoire :
la liberté se perd quand on cesse de la défendre.

Je me souviens des mots de Sophie Scholl,
cette jeune femme de la *Rose Blanche* :
« C'est un si beau jour et pourtant je dois partir…
Mais si notre mort réveille des
milliers d'autres consciences,
alors elle n'aura pas été vaine. »
Son courage me rappelle
que la démocratie n'est jamais acquise.
La liberté de la presse, le droit de penser,
l'égalité entre les femmes et les hommes,
tout cela semble assuré jusqu'à ce
que quelqu'un le menace.
Et alors il faut parler, écrire, se lever,
même quand la neige tombe et que
le monde semble endormi.

Je ne suis pas coupable des crimes d'hier,
mais je suis responsable de la vigilance d'aujourd'hui.
Nous, les enfants de l'après,
nous savons combien il est dangereux de se taire.
Nous avons hérité d'une paix fragile et belle,
et c'est à nous maintenant de la défendre.

Le soleil perce lentement les nuages
au-dessus de la Spree.
La tour de télévision brille, la
cathédrale s'embrase d'or.
La ville se réveille : libre, créative, multiple.
Et moi, dans ce matin blanc,
je fais le serment
que mes enfants grandiront dans un monde
où la neige tombera encore
sans jamais recouvrir la vérité.

Berlin am Morgen

Der Schnee fällt leise über Berlin,
als wollte die Zeit sich entschuldigen, zu schnell zu gehen.
Die Schritte knirschen auf der Straße *Unter den Linden*,
und jede Spur verschwindet sofort –
als wollte sie sagen, dass nichts bleibt,
nicht einmal die Wunden der Geschichte.

Unter dor Kuppel des Doms
atmet die Stadt eine stille Ruhe.
Ich denke an meine Kinder, die irgendwo spielen,
und frage mich, welche Welt wir ihnen hinterlassen.
Berlin, du hast alles gesehen –
du hast gebrannt, warst geteilt, hast dich neu erfunden.
Du weißt, wie leicht die menschliche Verblendung
das Licht in Dunkelheit verwandeln kann.

Ich gehe durch deine Straßen und spüre dein Herz schlagen.
Die Cafés öffnen sich, die Gespräche werden lebendig.
Deine Mauern, für immer gezeichnet, erzählen,
was Hass zerstören und Mut wiederaufbauen kann.
In dieser weißen Stille höre ich die Mahnung deiner Geschichte:
Freiheit geht verloren, wenn man aufhört, sie zu verteidigen.

Ich erinnere mich an die Worte von Sophie Scholl,
dieser jungen Frau der *Weißen Rose*:
„So ein herrlicher, sonniger Tag, und ich muss gehen...
Was bedeutet mein Tod, wenn durch uns Tausende Menschen
aufgerüttelt und geweckt werden?“
Ihr Mut erinnert mich daran,
dass Demokratie niemals selbstverständlich ist.
Pressefreiheit, das Recht zu denken,
die Gleichheit zwischen Frauen und Männern –
alles scheint sicher, bis jemand es bedroht.
Dann muss man reden, schreiben, aufstehen –
auch wenn der Schnee fällt und die Welt schläft.

Ich bin nicht schuldig für die Verbrechen von gestern,
aber verantwortlich für die Wachsamkeit von heute.
Wir, die Kinder des Danach,
wissen, wie gefährlich das Schweigen ist.
Wir haben einen zerbrechlichen, schönen Frieden geerbt,
und jetzt liegt es an uns, ihn zu schützen.

Die Sonne bricht langsam durch die Wolken über der Spree.
Der Fernsehturm glänzt, der Dom leuchtet golden.
Die Stadt erwacht – frei, kreativ, vielfältig.
Und ich, in diesem weißen Morgen,
ich lege mein Gelübde ab,
dass meine Kinder in einer Welt aufwachsen,
in der der Schnee wieder fallen kann,
ohne jemals die Wahrheit zu bedecken.

"So ein herrlicher sonniger Tag, und ich muss gehen... Was bedeutet mein Tod, wenn durch uns Tausende Menschen aufgerüttelt und geweckt werden?"

#15

Quand la résistance prend la forme d'une rose et que la liberté exige du courage, foncez vers Ispahan, en Iran.

La rose et le désert

#54

Envie de poursuivre ce silence blanc jusqu'aux confins du Nord ? Laissez-vous porter jusqu'à Iqaluit, chez les Inuits du Canada

La voix du Grand Nord

#44

Besoin de refaire le monde avec l'aide d'un verre à la main ? Direction Saint-Pétersbourg.

Donnez-moi une minute pour refaire le monde

#36

Lorsque l'espoir d'un meilleur avenir repose sur les enfants, ayez l'audace de rejoindre Gaza, en Palestine.

Aux enfants de la guerre

À toi que nous ne voyons pas

[Traduction française]

En sentant ta présence, nous baissons
les yeux et accélérons le pas,
comme si ton regard pouvait nous
transmettre ton handicap.

En te croisant, nous
n'avons rien à te dire
mais on se permet de demander
devant tout le monde :
« Comment cela t'est-il arrivé ? »

Et quand nous décidons
de t'aider un peu,
nous le faisons comme si
tu étais faible ou inférieur.

Sur l'avenue Corrientes, les gens
passent sans regarder,
les écouteurs aux oreilles,
les yeux fixés sur le sol.

Imagine un instant un monde où toutes
les personnes auraient un handicap :
les uns aveugles, les autres sourds,
d'autres sans bras ni jambes.

Toutes, sauf une... Toi.
Alors dis-moi, qui est
le handicapé à présent ?

A ti, a quien no vemos

Al sentir tu presencia, bajamos la
vista y caminamos más deprisa,
como si tuviéramos miedo
de que tu mirada pudiera
transmitirnos tu discapacidad.

Nada tenemos que decirte,
cuando nos cruzamos contigo
pero nos interesa preguntarlo
en público: "¿cómo te pasó?"

Y cuando decidimos
ayudarte un poco,
lo hacemos como si fueras un
ser inferior o debilitado.

En la avenida Corrientes, la
gente pasa sin mirar,
con los auriculares puestos,
los ojos fijos en el suelo.

Imaginate por un segundo un mundo
donde todos fueran minusválidos,
unos ciegos, otros sordos,
otros sin piernas o brazos.

Todos, excepto una persona, vos.
A ver, y ahora, quién sería
el discapacitado.

#26

Envie d'observer celles et ceux que l'on croise sans les voir ? Entrez dans une boîte de nuit à Hanoï, au Vietnam.

La balayeuse du 1900

#7

Besoin d'un choc pour vivre en pleine conscience ? Foncez vers Pékin, en Chine.

Le cri des enfants

#64

Lorsque la diversité rend le monde plus vivant et coloré, le regard se pose en Polynésie française.

Couleurs

La connaissance vaincra

[Traduction française]

Chaque matin, je marche vers ma vieille échoppe,
à l'ombre lointaine de la cathédrale
de la Sainte-Trinité.
Les enfants jouent dans la rue,
leurs mains vides serrent des jeux sans lendemain.

Moi, j'ai un rêve :
pas une maison mais une bibliothèque.

J'étais instituteur.
J'apprenais aux enfants à lire,
à questionner, à rêver.

Aujourd'hui, il ne me reste qu'une seule chose :
la foi profonde que le savoir est
plus fort que la guerre.

J'ai trouvé une boîte de couleurs brisée,
un livre déchiré,
et j'en ai fait la première étagère
de ma bibliothèque.

Les gens qui reviennent du tumulte de
la place Meskel passent en riant :
« À quoi bon, vieil homme,
les livres n'arrêtent pas la faim ! »

ne plieront pas toujours les genoux.

Un jour, un enfant respectera ce livre
et ce jour-là, j'entendrai la connaissance parler.

C'est le seul combat que j'aime :
le combat des mots, du mouvement, de la vie.

La connaissance vaincra,
et les yeux de mes enfants brilleront
à nouveau dans la lumière.

ዕውቀት ያሸንፋል

Iwet yeteshanefal [Translittération]

በየጠዋቱ ወደ አሮጌዬ ሱቅ እሄዳለሁ፣
Be-ye-t'ewatru wede arogéye suq ehēdalēhu,
ከቅዱስ ሥላሴ ካቴድራል ሩቅ ጥላ ሥር።
ke-Qidus Səlase katēdral ruq t'ila sər.
ልጆች በመንገድ ላይ ይጫወታሉ፣
Ləjoch be-mengəd lay yəch'ewatalu,
ባዶ እጆቻቸው ወደፊት የሌላቸውን ጨዋታዎች ይይዛሉ።
bado ejjochachəw wedə-fit yəlalachəwən ch'ewata yəyyazalu.

እኔ ግን ሕልም አለኝ፤
əñña gən həlm allañ;
ቤት አይደለም፣ ቤተ-መጻሕፍት ነው።
bēt ayədelləm, betə-mäts'ḥaft naw.
አስተማሪ ነበርሁ።
Astəmari nəbbərhu.
ልጆችን ማንበብ፣ መጠየቅ፣ ማለም አስተምር ነበር።
Ləjochən manəbəb, məṭ'eyək, mələm astəmər nəbbər.

ዛሬ የቀረኝ ነገር አንዱ ብቻ ነው፤
Zarē yəqərrañ nəgar andu bicha naw;
እውቀት ከጦርነት ይበልጣል የሚል ጥልቅ እምነት።
iwet ke-gorenət yəbəlṭal yə-mil t'iləq īmnet.

የተሰበረ የቀለም ሳጥን አገኘሁ፣
Yə-təsəbbərə yə-qələm sat'in agəññəhu,
የተቀደደ መጽሐፍ፣
yə-tək'ədədə mats'ḥaf,
እነሱንም የመጀመሪያዬ የቤተ-መጻሕፍቴ መደርደሪያ አደረግሁ።
innasunəm yä-mäjäməriya yä-betə-mäts'ḥaftē mädärdariya adärgəhu.

ከመስቀል አደባባይ ግርግር የሚመለሱ ሰዎች ያልፋሉ እና ይሳቁ፦
Ke-Meskel adebabay gərrgər yə-mimälləsu sewöch yaləfalu ena yəsaku:
« ምን ይረባል አሮጌ ሰው፣ መጻሕፍት ረሃብን አያቆሙም። »
« Mən yərabal, arogē sew, mats'ḥaft rəhəbən ayak'omum. »

እኔ ግን እነዚያ የሚያነቡ
əñña gən yä-miyanəbbu
ሁልጊዜ ጉልበታቸውን አያጠፉም ብዬ አምናለሁ።
hul gize gulbatachəwən ayat'əfum bilē amnalləhu.

አንድ ቀን አንድ ልጅ ይህን መጽሐፍ ያከብራል፣
And qän and ləj yihən mats'ḥaf yakəbrall,
በዚያ ቀንም እውቀት እንደሚናገር እሰማለሁ።
be-ziya qänəm iwet andə-mi-nagər əsəmalləhu.

የምወደው ጦርነት አንዱ ብቻ ነው፤
Yä-miwädäw gorenət andu bicha naw;
የቃላት፣ የንቅናቄ፣ የሕይወት ጦርነት።
yä-qalāt, yä-nəqənnaqē, yä-həywät gorenət.

እውቀት ያሸንፋል፣
Iwet yeteshanefal,
የልጆቼም ዓይኖች በብርሃን ዳግመኛ ይነጠቃሉ።
yäləjochēmm aynoch be-bərhan dagməña yənät'qallu.

#17

Quand la connaissance devient un combat collectif pour l'avenir de tout le continent, partez en Afrique du Sud.

Debout Afrique !

#23

Besoin d'accompagner le savoir d'une quête lucide de vérité ? Poursuivez la route vers Kyiv.

L'esprit de vérité

#19

Lorsque la richesse et la misère défilent côte à côte comme sur un écran, prenez la direction de Kinshasa, en RDC.

Misère et petits fours

#9

Envie de prolonger l'émerveillement des écritures et des langues rares ? Envolez-vous vers le Bhoutan, dans l'Himalaya.

Je t'aime

Cette page est la vôtre. Vous pouvez par exemple figer un moment suspendu : un lieu, une émotion, un mot entendu ici ou ailleurs, une photo, un dessin...

COURIR *vers sa destinée*

L'esprit de vérité

[Traduction française]

Sur cette terre cohabitaient le mensonge,
le soleil et un champ de tournesols.

Les tournesols étaient parfaitement obéissants :
chaque matin, ils levaient leurs têtes vers le soleil
aveuglant et, docilement, le suivaient jusqu'au soir.
Ils vivaient plutôt bien : tout ce qu'ils avaient à faire était
de suivre la lumière et de ne jamais poser de questions.

Mais un jour, une tempête souffla si fort que
l'un des tournesols – était-il plus faible ou
simplement plus curieux ? nul ne saurait le
dire – tourna sa tête de l'autre côté.
Il comprit alors qu'il avait vécu toute sa
vie dans un monde de mensonges.

Aussitôt, le soleil, furieux, exigea qu'on décapitât
le tournesol dissident et que l'on répandît ses
pétales dans le ciel, espérant ainsi que plus
jamais pareille rébellion ne verrait le jour.

Mais en jetant les pétales, on jeta aussi
les graines du tournesol rebelle.
Et bientôt, une multitude de nouveaux tournesols
se dressa, faisant face au mensonge et aux
tournesols de l'ancienne génération.

Désormais, les tournesols, libres et fiers, ne suivent
plus comme des aveugles le soleil éclatant.
Mais en sont-ils plus heureux pour autant ?

Дух істини

Dukh istyny [Translittération]

На цій землі співіснували брехня, сонце і поле соняхів.
Na tsii zemli spivisnuvaly brekhniá, sontse i pole sonyakhiv.

Соняхи були напрочуд слухняні: щоранку
вони підіймали голови до сліпучого сонця і
покірно стежили за ним до самого вечора.
Sonyakhy buly naprochud slukhniani: shchoranku
vony pidiimaly holovy do slipuchoho sontsia i
pokirno stezhyly za nym do samoho vechora.
Їм жилося непогано: усе, що треба було робити, це
слідувати за світлом і ніколи не ставити запитань.
Yim zhylo-sia nepohano: use, shcho treba bulo robyty,
tse sliduvaty za svitlom i nikoly ne stavyty zapytan'.

Та одного дня зірвався такий сильний буревій, що
один із соняхів, чи то слабший, чи, може, просто
допитливіший, хто знає, повернув голову в інший бік.
Ta odnoho dnia zirvavsia takyi syl'nyi burevii, shcho
odyn iz sonyakhiv, chy to slabshyi, chy mozhe prosto
dopytlyvishyi, khto znaie, pover-nuv holovu v inshyi bik.
І тоді він зрозумів, що прожив усе життя у світі брехні.
I todi vin zrozumiv, shcho prozhyv use zhyttia u sviti brekhni.

Розгніване сонце негайно зажадало відтяти
голову непокірному соняху і розвіяти його
пелюстки в небі, сподіваючись, що більше
ніколи така непокора не повториться.
Rozhnivane sontse nehaïno zazhadalo vidtiaty holovu
nepokirnomu sonyakhovi i rozviia-ty yoho peliustky v nebi,
spodivaiuchys', shcho bil'she nikoly taka nepokora ne povtoryt'sia.

Але, розкидаючи пелюстки, люди розсіяли
й насіння бунтівного соняха.
Ale, rozky-daiuchy peliustky, liudy rozsii-aly
y nasinnia buntivnoho sony-akha.
І незабаром на полі з'явилася безліч нових соняхів, які
постали проти брехні й соняхів старого покоління.
I nezaburom na poli z'iavylasia bezlich novykh sonyakhiv,
yaki postaly proty brekhni y sonyakhiv staroho pokolinnia.

Відтоді соняхи, вільні й горді, більше не
стежать, немов сліпці, за сліпучим сонцем.
Vidtodi sonyakhy, vil'ni y hordi, bil'she ne stezhat',
nemov sliptsi, za slipuchym sontsiem.
Та чи стали вони від того щасливіші?
Ta chy staly vony vid toho shchaslyvishi?

#33

La vérité exige parfois d'affronter de face la maladie : entrez dans un hôpital à Dakar.

L'ourson du malade

#9

Si la vérité prend la forme de l'amour inconditionnel, envolez-vous vers le Bhoutan.

Je t'aime

#43

Quand la vérité du monde devient difficile à regarder, laissez-vous glisser vers le rêve à Zanzibar.

Épices et merveilles

Quand la route s'arrête

[Traduction française]

Je voulais voir le bout du monde,
pour savoir comment sont les choses là-bas
et toucher l'horizon de mes mains,
cet endroit où le soleil se confond avec la mer,
là où la Terre de Feu disparaît
dans le canal Beagle.

J'ai conduit ma voiture trois
jours sans m'arrêter,
à pleine vitesse, sans jamais me retourner,
traversant les champs,
franchissant les montagnes.
Bien sûr, j'ai dû faire quelques détours,
mais je jure qu'ils n'étaient là
que pour éviter de me tuer.

Et au terme du troisième jour,
quand je ne pouvais plus
avancer avec ma voiture,
quand même mes pas ne pouvaient
plus suivre le dernier chemin,
je me suis arrêté, épuisé
et j'ai pleuré de rage face au vent.

J'étais si près de l'atteindre,
si près de cet horizon brûlant devant moi,
mais un pas de plus
et je serais tombé dans le vide sans fin,
pulvérisé comme un moustique ordinaire
contre la lumière blanche du bout du monde.

Qu'il est dur de vivre dans le doute
sans savoir ce qu'il y a après la mort.
Si la perte de quelques souvenirs
nous brise déjà le cœur,
comment accepter que tout,
absolument tout, disparaisse ?
Plus de lumière, plus de mouvement,
aucune pensée ne peut le comprendre.

C'est pourquoi j'ai choisi une religion
inventée par moi-même,
un mélange de ce que j'aimais le plus
de toutes celles que je connaissais,
une foi faite de morceaux rapiécés,
avec l'espoir de me convaincre
qu'il y a quelque chose après la mort.

Mais parfois,
quand le vent souffle du Sud
et que la terre tremble au bord du précipice,
je me demande si j'ai plus peur de mourir
ou de connaître la réponse à toutes
les questions que je me pose.

Cuando se termina la carretera

Yo quería ver el fin del mundo,
para saber cómo son
las cosas allí,
y alcanzar el horizonte
con mis manos,
este lugar donde el sol se
confunde con el mar,
donde la Tierra del Fuego
desaparece en el canal Beagle.

Conduje mi coche tres
días sin parar,
a toda velocidad, sin mirar atrás,
atravesando los campos,
cruzando las montañas.
Claro, tuve que hacer
algunos giros,
pero juro que fueron sólo
para no matarme.

Y al final del tercer día,
cuando ya no podía avanzar
más con el coche,
cuando ni siquiera mis pasos
podían seguir el último camino,
me detuve, exhausto,
y lloré de rabia frente al viento.

Estaba a punto de alcanzarlo,
tan cerca del horizonte
ardiente delante de mí,
pero un paso más,
y habría caído en el vacío sin fin,
volando en pedazos como
un mosquito común
contra la luz blanca
del fin del mundo.

Qué duro es vivir con la duda,
sin saber qué hay
después de la muerte.
Si una simple pérdida
de memoria nos duele
hasta el corazón,
¿cómo aceptar que todo,
absolutamente todo, se borre?
Sin luz, sin movimiento,
no hay pensamiento que
pueda entenderlo.

Por eso elegí una religión
compuesta por mí mismo,
una mezcla de lo que
más me gustaba de todas
las que conocía,
una fe hecha de retazos,
con la esperanza de
convencerme
de que hay algo después
de la muerte.

Pero a veces,
cuando el viento sopla
desde el sur
y la tierra tiembla al
borde del abismo,
me pregunto qué más
me da miedo: morir
o conocer la respuesta a todas
las preguntas que me hago.

#20

Quand le courage se mesure face
à l'obscurité, rejoignez Berlin.

Berlin au matin

#21

Si le précipice invite à
faire demi-tour, remontez
vers Buenos Aires.

À toi que nous ne voyons pas

#29

Lorsque le vertige appelle
le saut plutôt que l'attente,
plongez dans l'océan.

La vague de ma vie

#39

Quand les questions
deviennent plus redoutables
que tout, osez affronter
la mort les yeux ouverts
à Managua, au Nicaragua.

Donne-moi un dernier
baiser d'amour

#52

Si la route semble interminable,
laissez le temps se dilater
et vous conduire vers
l'éternité à Kyoto, au Japon.

Un jour sans fin

Singapour 新加坡
SINGAPOUR 新加坡

Le jeu de la vie

[Traduction française]

La vie est un jeu entre le jour et la nuit,
où l'on rit de joie et l'on pleure d'impuissance,
où l'on gagne parfois et l'on perd d'autres fois.

La vie est une aventure,
où l'on cherche à comprendre ce qu'il y avait avant notre naissance
et ce qu'il y aura après notre mort.

La vie est un jeu d'amour et de blessures,
une partie de ping-pong interminable
faite de sagesse, patience, force et chance.

La vie est une aventure commune,
où certains commencent avec des avantages
et d'autres avec des handicaps,
mais où chacun peut changer la donne à chaque tour.

La vie est un jeu d'équilibre,
comme un yin et un yang en mouvement sous la chaleur de Singapour,
où l'on avance à petits pas prudents,
cherchant l'équilibre invisible du feng shui entre nos rêves et nos peurs.

La vie est un jeu de stratégie,
comme une table de mahjong où les alliances se font et se défont,
où l'on se crée des amitiés et des ennemis,
et où chaque jour, il faut décider quelle carte jouer.

La vie est une aventure d'apprentissage,
où l'on comprend un peu plus à chaque virage
que l'on ne sait rien,
sinon que tout cela n'était qu'un grand jeu.

La vie est un jeu : faites vos jeux.
Et si, au fond, le seul moyen de gagner était simplement… d'oser jouer ?

生命的游戏

Shēngmìng de yóuxì [Translittération]

生命是一场昼与夜的游戏，
Shēngmìng shì yī chǎng zhòu yǔ yè de yóuxì,
我们在喜悦中欢笑，
wǒmen zài xǐyuè zhōng huānxiào,
也在无力中落泪；
yě zài wúlì zhōng luòlèi;
有时赢，有时输。
yǒushí yíng, yǒushí shū.

生命是一场冒险，
Shēngmìng shì yī chǎng màoxiǎn,
我们试图理解出生之前的世界，
wǒmen shìtú lǐjiě chūshēng zhīqián de shìjiè,
以及死亡之后的归宿。
yǐjí sǐwáng zhīhòu de guīsù.

生命是一场爱与伤的游戏，
Shēngmìng shì yī chǎng ài yǔ shāng de yóuxì,
像一场永无止境的乒乓赛，
xiàng yī chǎng yǒng wú zhǐjìng de pīngpāng sài,
需要智慧、耐心、力量与运气。
xūyào zhìhuì, nàixīn, lìliàng yǔ yùnqì.

生命是一场共同的旅程，
Shēngmìng shì yī chǎng gòngtóng de lǚchéng,
有人天生占优，
yǒurén tiānshēng zhànyōu,
也有人背负重担，
yě yǒurén bèifù zhòngdān,
但每一回合，
dàn měi yī huíhé,
都有重新洗牌的机会。
dōu yǒu chóngxīn xǐpái de jīhuì.

生命是一场平衡的游戏，
Shēngmìng shì yī chǎng pínghéng de yóuxì,
如新加坡炎热空气中的阴阳流动，
rú Xīnjiāpō yánrè kōngqì zhōng de yīnyáng liúdòng,
我们小心翼翼地前行，
wǒmen xiǎoxīn yìyì de qiánxíng,
在梦与惧之间，
zài mèng yǔ jù zhī jiān,
寻找风水的无形和谐。
xúnzhǎo fēngshuǐ de wúxíng héxié.

生命是一场策略的游戏，
Shēngmìng shì yī chǎng cèlüè de yóuxì,
像一桌麻将，合与分皆在瞬间，
xiàng yī zhuō májiàng, hé yǔ fēn jiē zài shùnjiān,
我们结交朋友，也结下敌人，
wǒmen jiéjiāo péngyǒu, yě jiéxià dírén,
每天都要决定出哪一张牌。
měitiān dōu yào juédìng chū nǎ yī zhāng pái.

生命是一场学习的冒险，
Shēngmìng shì yī chǎng xuéxí de màoxiǎn,
在每一个转弯处，
zài měi yīgè zhuǎnwān chù,
我们才明白自己一无所知，
wǒmen cái míngbái zìjǐ yīwúsuǒzhī,
原来这一切，
yuánlái zhè yīqiè,
不过是一场盛大的游戏。
bùguò shì yī chǎng shèngdà de yóuxì.

生命是一场游戏，请下注。
Shēngmìng shì yī chǎng yóuxì, qǐng xiàzhù.
也许，赢的唯一方法，
Yěxǔ, yíng de wéiyī fāngfǎ,
只是敢于去玩吗？
zhǐshì gǎnyú qù wán ma?

#32
Quand la vie ressemble moins à un jeu qu'à une suite de choix, prenez la direction de Stockholm.
L'heure des choix

#53
Envie de jouer avec le feu et les paradoxes du pouvoir ? Cap sur Moscou.
Staline au McDonald's

#45
Si le jeu devient affaire de masques, de séduction et d'illusions, poursuivez vers Venise.
Le masque de Venise

Người quét dọn ở 1900

Khi màn đêm buông xuống Hà Nội và những ánh đèn neon của 1900 bừng sáng, thành phố như bỗng thở nhanh hơn. Những chiếc xe máy chen chúc trên vỉa hè, bọt bia tràn khỏi ly nhựa, loa gầm lên, tất cả như báo hiệu một cơn say tập thể, nóng bỏng và rực rỡ.

Phải chăng đây thật sự là một nhà hát cổ thời Pháp, nay biến thành sàn nhảy?
Những bức tường đẫm hơi nóng và nhịp nhạc; tuổi trẻ Việt Nam nhảy múa, hò hét, tự quay video.
Khuôn mặt họ rực sáng trong ánh đèn xanh và hồng, mồ hôi lấm tấm trên trán, và DJ nổi bật trên đám đông cuồng nhiệt giữa làn khói dày đặc.

Tôi lùi lại để thoát khỏi hơi nóng của đám đông, và chính lúc đó tôi nhìn thấy bà.
Nhỏ bé, gần như vô hình trong bộ đồng phục màu xám, bà lặng lẽ lướt qua giữa những đôi chân đang nhảy múa, tay cầm cây chổi rơm, gom tàn thuốc, giấy vụn, những mảnh thủy tinh vỡ như thể tất cả chẳng liên quan gì đến mình.

Khuôn mặt bà bình thản, có lẽ mệt mỏi và cũng có lẽ tâm hồn bà đang ở một nơi nào khác.
Bao nhiêu đêm rồi bà đã đi qua nơi này, trong bóng tối, khi người khác vẫn còn nhảy múa?
Bà chỉ đang dọn rác của hiện tại thôi sao?
Hay đang nhặt lại những mảnh vụn của một thế giới mà bà không còn hiểu được nữa?

Xung quanh, thân người uốn lượn theo nhịp nhạc, tiếng cười vang lên, rượu sâm banh tràn ly.
Nhưng trong những cử động chậm rãi của bà, tôi nhận ra một vẻ đẹp xưa cũ, một phẩm giá lặng lẽ, gần như thiêng liêng.
Bà quét dọn, vâng... nhưng có lẽ, trong sâu thẳm, bà cũng đang học cách nhảy?

La balayeuse du 1900

[Traduction française]

Lorsque la nuit tombe sur Hanoï et que les néons du 1900 s'allument, la ville semble soudain respirer plus fort. Les scooters qui s'accumulent sur le trottoir, les bières qui débordent sur les tables de plastique, les haut-parleurs qui grondent : tout semble annoncer le début d'une transe collective, moite et lumineuse.

Est-ce vraiment un vieux théâtre colonial, maintenant reconverti en piste de danse ?
Les murs suintent la chaleur et la musique : la jeunesse vietnamienne saute, crie, se filme.
Les visages s'illuminent de vert et de rose, la sueur perle sur les fronts et le DJ surgit au-dessus de la mer humaine, dans un nuage de fumée dense.

Je recule pour échapper à la chaleur de la foule et c'est là que je la vois.
Petite, presque invisible dans son uniforme gris, elle glisse entre les jambes des danseurs, un balai de paille à la main, ramassant les mégots, les papiers, les éclats de verre comme si tout cela ne la touchait pas.

Son visage est impassible, peut-être fatigué, peut-être ailleurs.
Pendant combien de nuits a-t-elle cheminé ici, dans l'ombre, tandis que d'autres dansaient ?
Ramasse-t-elle seulement les déchets du moment ?
Ou tente-t-elle de recueillir les miettes d'un monde qu'elle ne peut plus comprendre ?

Autour d'elle, les corps ondulent au pouls de la musique, les rires éclatent, le champagne coule.
Mais dans ses gestes lents, je perçois une grâce ancienne, une dignité silencieuse, presque sacrée.
Elle balaie, oui... mais peut-être qu'au fond, elle apprend aussi à danser ?

#38

Quand la fête laisse place à la colère, plongez dans un cauchemar à Los Angeles.

J'ai fait un cauchemar

#13

Pour répondre à l'injustice par l'action, vivez la Révolution à Cuba.

La musique de la Révolution

#62

Si ce contraste évoque un choc entre Orient et Occident, rejoignez Istanbul.

La rencontre de l'Orient et de l'Occident

#48

Lorsque tout se brouille entre tradition et modernité, basculez dans l'absurde à Bogota.

Quelle chaleur dans ce froid !

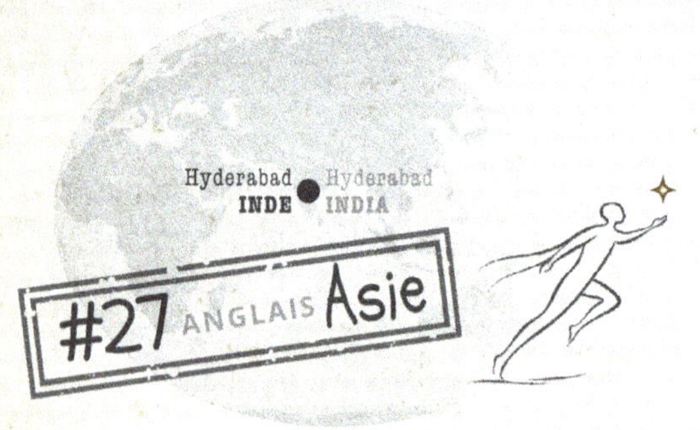

Demain, je serai ta femme

[Traduction française]

Demain, j'épouserai cet homme
que je connais à peine.
Mes parents disent qu'il est bon, doux, posé
et je les crois, comme je les ai toujours crus.

Ils disent aussi qu'il est avisé,
un homme d'affaires qui tient
une boutique d'optique
dans une ruelle étroite de la vieille ville.

Je plie mon sari, je fais briller mes bracelets
et j'écoute battre le soir :
les cris des marchands, les
rickshaws qui s'entrecroisent,
les rires qui montent d'un café voisin,
le cœur d'Hyderabad,
la *Cité des Perles*.

Et j'imagine la vie qui m'attend.
Je me vois dans la cuisine,
accueillant les invités, souriante,
servant le thé avec grâce et patience.

Mais je vois aussi une autre vie...
celle que je choisirai moi-même.
Je vois une femme qui marche seule
quand elle a besoin de silence,
qui rit librement avec ses amies
et qui rend visite à ses parents quand
son cœur le lui demande.

Je pense à nous
et à ce que nous pourrions apporter
à notre communauté.
Je veux tout apprendre de son travail :
comment se taillent les verres,
comment la lumière se plie,
comment chacun choisit la
monture qui lui ressemble.

Peut-être qu'un jour nous ouvrirons
d'autres boutiques
et que nous formerons de jeunes opticiens,
pour qu'ils retournent dans leurs villages lointains
et proposent des lunettes accessibles
afin que chacun voie à nouveau clairement
et donne le meilleur de lui-même, chaque jour.

Comme c'est fascinant
de bâtir une entreprise qui serve les siens,
qui fasse grandir les communautés
et offre aux autres le don de la vue !

Demain, il sera mon mari
et ensemble, nous construirons
un avenir meilleur.

Tomorrow, I Will Be Your Wife

Tomorrow, I will marry this man I barely know.
My parents say he is good, kind, and steady,
and I believe them, as I always have.

They also say he is clever,
a businessman who owns an optical shop
in a narrow street of the old town.

I fold my sari, polish my bracelets,
and listen to the pulse of the evening:
vendors calling, rickshaws weaving,
the laughter rising from a nearby café,
the heartbeat of Hyderabad,
the *City of Pearls.*

And I imagine the life that awaits me.
I see myself in the kitchen,
receiving guests, smiling,
offering tea with grace and patience.

But I also see another life...
the one I will choose for myself.
I see a woman who walks alone when she needs silence,
who laughs freely with her friends,
who visits her parents whenever her heart desires.

I think about us,
and the good we might bring to our community.
I want to learn everything about his work :
how lenses are shaped,
how light bends,
how people choose the frames that make them feel seen.

Perhaps one day we'll open new shops,
train young people to become opticians,
so that they can return to their distant villages
and offer affordable eyewear
so everyone may see clearly again,
and be at their best each day.

How fascinating it is,
to build a business that serves our people,
that helps communities to grow,
and gives others the gift of sight!

Tomorrow, he will be my husband,
and together we will shape
a better future.

#66

Quand l'aube d'un nouveau jour ouvre le champ des possibles, prenez la route du Caucase, en Géorgie.

Quand le soleil se lève

#52

Si le temps semble immobile et que demain ressemble à hier, laissez-vous porter jusqu'à Kyoto, au Japon.

Un jour sans fin

#25

Lorsque le hasard paraît décider du meilleur comme du pire, poursuivez vers Singapour.

Le jeu de la vie

Au café du monde

Sous l'amertume sombre de sa noirceur,
Se cache une indicible douceur.
Mes lèvres s'y glissent, mes doigts se délient,
Et la magie du café lentement m'envahit.

Oui, à présent je me souviens,
De cette senteur de jasmin,
Qui donnait ce goût fort et épicé
Aux conversations enflammées de Tanger.

Au fond, la musique des chopes de Bruges
S'entrechoque dans un joyeux subterfuge :
Les voix s'élèvent, le ton s'embrase...
Oh, Valparaíso, ville au vent qui s'évase !

On me presse déjà de toutes parts,
Shanghai, tourbillon de vie,
m'emporte dans ses bars.
Tiens, mes pieds dansent sans que je m'en avise...
À Montréal, les rires éclatent, la fête s'improvise.

Ils sont finalement venus me retrouver,
Ces visages et ces lieux que je croyais oubliés.
Tant de destins qui vagabondent,
Se croisent, sans le savoir, au café du monde...

Je me retourne, je suis seul, la tasse est vide,
Au loin, j'entends s'éloigner les pas
pressés du garçon de café de Paris.

#10
Une tasse appelle parfois un festin : poussez la porte de Bordeaux.
Viens faire la fête, compère Cholestérol !

#50
Quand le café devient rêverie, laissez le regard glisser jusqu'à Barcelone.
Les perroquets de Barcelone

#30
Quand la tasse se vide mais que la soif éveille l'élan, suivez l'appel du désert dans le Sahara algérien.
Le songe du vieux

LE FIGARO
Destins qui vagabondent
Le Monde
Au café du monde

La vague de ma vie

[Traduction française]

Je suis la vague,
je la suis sans jamais m'arrêter.

Depuis des mois, peut-être des années.
Qui pourrait le savoir ?
Qui s'en soucie ?

J'ai faim de découvertes :
je sais que c'est ainsi,
et seulement ainsi,
que j'accomplirai mon destin.
Un jour, la vague s'arrêtera
et déposera doucement ses bagages
sur la rive qu'elle aura choisie.

Je suis la vague,
je la suis sans jamais m'arrêter.

Voilà longtemps que le monde extérieur
ne me trouble plus.
Ma bouche est si sèche
que l'eau n'y entre plus,
ma peau si brûlante
qu'elle ne sent plus la douleur :
la faute au soleil, à la mer et au sel.

Et depuis un bon moment,
je n'ai plus entendu
le gémissement de la grande voile
quand le vent la surprend et la réveille.

Je suis la vague,
je la suis sans jamais m'arrêter.

Attention !
La vague vire soudain, sans prévenir.
Elle ne m'échappera pas ainsi.
À bâbord, marins !
À bâbord, sans faiblir !

Mais qu'est-ce donc que cette odeur soudaine ?
Un autre mirage ou… la terre ?
Oui, cette terre battue par les alizés,
à l'entrée des Caraïbes,
cette terre qui va me rendre riche et célèbre !

J'ai suivi la vague,
puis je l'ai laissée.

J'ai accumulé tout ce que je pouvais,
au point qu'à présent
ce sont les choses qui me possèdent.

Je me répète que je suis heureux
mais je suis fatigué…
fatigué d'attendre.

Peut-être la vague ne s'est-elle jamais arrêtée :
peut-être a-t-elle touché terre et repris la mer.
Alors ce n'était pas le destin :
cette rive,
c'est moi qui l'ai choisie.

J'ai suivi la vague
et maintenant, je continue de la suivre, infatigable,
en quête de nouvelles marées
et d'aventures à venir !

La ola de mi vida

Sigo la ola,
la sigo sin parar.

Desde hace meses, quizá años.
¿Quién lo sabe?
¿Quién se preocupa?

Tengo hambre de descubrimiento;
sólo así, lo sé,
cumpliré mi destino.
Un día la ola se detendrá
y dejará su equipaje, suave,
en la orilla que elegirá.

Sigo la ola,
la sigo sin parar.

Hace tiempo que no me inquietan
los ruidos de afuera.
Mi boca está tan seca
que el agua ya no entra,
mi piel tan ardiente
que ya no quema:
culpa del sol, culpa del mar, culpa de la sal.

Y hace rato que no escucho
el gemido de la vela,
cuando el viento la sorprende y la desvela.

Sigo la ola,
la sigo sin parar.

¡Cuidado!
La ola gira de golpe, sin avisar.
No se me escapa así nomás.
¡A babor, marineros, a babor, sin vacilar!

¿Qué es ese olor de pronto?
¿Otro espejismo o... tierra?
Sí, esta tierra azotada por los
alisios, a la entrada del Caribe,
esta tierra que me hará rico y famoso.

Seguí la ola,
y luego la dejé.

He acumulado todo lo que podía,
tanto, que ahora son las cosas
las que me poseen a mí.

Me repito que soy feliz,
pero estoy cansado... cansado de esperarlo.

Tal vez la ola nunca se detuvo;
tal vez tocó tierra y siguió.
Entonces no fue un golpe del destino:
entonces la orilla la elegí yo.

Seguí la ola,
y ahora sigo siguiéndola, incansable,
en busca de nuevas mareas y aventuras!

Si vous choisissez de rester sur cette rive, votre chemin LiberSila s'achève ici...
Mais si l'appel du large est plus fort, une autre vague vous attend déjà
pour tracer un nouveau chemin en repartant à Santorin.

L'appel du large

Le songe du vieux

[Traduction française]

Perdu dans l'immensité du Sahara,
tel un grain de sable au fond d'un oued silencieux,
je me suis assis au sommet d'un
mont en forme de sourire
pour mieux mourir de soif au milieu
de cette ancienne mer
dont ne restent que les vagues.

Ce dont je me souviens ensuite,
ce sont des yeux qui m'observaient,
des yeux cerclés de rides si profondément creusées
que même des torrents de larmes
n'en sortiraient plus jamais.
Des rides si nombreuses que chaque
journée semblait gravée
dans ce visage vieux sans doute de plus d'un siècle.

L'homme en bleu ne parlait guère.
Mais ses mains tordues et rugueuses racontaient sa vie :
une vie faite de soleil et de poussière,
de dur labeur et de prières,
une vie simple, centrée sur l'essentiel,
où chaque jour est un combat pour
avoir le droit de continuer à vivre.

Le thé bouillant résonnait à présent dans le silence.
Le précieux liquide dansait de la théière à la tasse
et de la tasse à la théière.
Les doigts du vieux restaient agiles,
malgré le poids du temps
et jamais une goutte ne se perdit.

Alors le vieux me fit boire tout ce qu'il
avait dans son unique verre,
m'embrassa sur le front et me désigna son dromadaire.
Il me dit que mon heure n'était pas encore venue
mais que la sienne l'était depuis longtemps.
Puis il se leva péniblement
et s'éloigna en marchant,
telle une ombre lente s'effaçant
dans la lumière du désert.

Ce n'est qu'en voyant au loin les
lumières de Tamanrasset
et en comprenant que j'étais tiré d'affaire,
que ses dernières paroles me revinrent à l'esprit :

« Meurt-on de vieillesse
ou de se voir devenir vieux ?
Je crois que maintenant,
je connais la réponse... »

#43
Pour poursuivre les mystères d'Afrique, abandonnez le sable et laissez-vous porter vers Zanzibar, en Tanzanie.
Épices et merveilles

#69
Quand le mystère prend des formes merveilleuses, cap sur les brumes de Guilin, en Chine.
La pêche merveilleuse

#53
Basculer du réel à l'imaginaire ? Osez Moscou.
Staline au McDonald's

#4
Pour revenir au réel par la musique et la voix d'un autre vieux infatigable : Chicago.
La voix du blues

حلم الشيخ العجوز

[Translittération] Ḥulmu al-shaykh al-ʿajūz

تائهٌ في اتساع الصحراء الكبرى،
Tāʾihun fī ittisāʿi aṣ-ṣaḥrāʾ al-kubrā,
كحبّة رملٍ في جوف وادٍ صامت،
ka-ḥabbati ramlin fī jawfi wādin ṣāmit,
جلستُ على قمّة تلة تشبه الابتسامة،
jalastu ʿalā qimmati tallatin tushbihu al-ibtisāmah,
لأموت عطشًا في قلب بحرٍ قديم
li-amūta ʿaṭashan fī qalbi baḥrin qadīmin
لم يبقَ منه سوى الأمواج.
lam yabqa minhu siwā al-amwāj.

ما أذكره بعد ذلك
Mā adhkuruhu baʿda dhālik
هو عينان كانتا تراقبانني،
huwa ʿaynāni kānatā turāqibānī,
عينان يحيط بهما تجاعيد غائرة،
ʿaynāni yuḥīṭu bihimā tujāʿīd ghāʾirah,
تجاعيدُ عميقةٌ إلى حدٍّ
tujāʿīd ʿamīqah ilā ḥaddin
لا يمكن لدموعٍ أن تفيض منها،
lā yumkinu li-dumūʿin an tafīḍa minhā,
كأنّ كلّ يوم من حياته
ka-anna kulla yawmin min ḥayātihi
كان منقوشًا على ذلك الوجه
kāna manqūshan ʿalā dhālika al-wajh
الذي بدا أقدم من قرنٍ من الزمان.
alladhī badā aqdama min qarnin min az-zamān.

الرجلُ ذو الثوب الأزرق
Ar-rajulu dhū ath-thawbi al-azraq
لم يتكلّم كثيراً،
lam yatakallam kathīran,
لكنّ يديه المتشقّقتين والخشنتين
lākinn yadayhi al-mutashaqqiqatayni wa-l-khashinatayni
روتا حياته:
rawatā ḥayātahu:
حياةً من شمسٍ وغبار،
ḥayātan min shamsin wa ghubār,
من تعبٍ وصلوات،
min taʿabin wa ṣalawāt,
حياةً بسيطة، متمركزة حول الضروري،
ḥayātan basīṭah, mutamarkizah ḥawla aḍ-ḍarūrī,
حيث كلّ يوم معركةٌ
ḥaythu kullu yawmin maʿrakah
من أجل الحقّ في الاستمرار في العيش.
min ajli al-ḥaqq fī al-istimrār fī al-ʿaysh.

صوتُ الشاي المغلي يملأ الصمت،
Ṣawtu ash-shāy al-mughallā yamlaʾu aṣ-ṣamt,
والسائل الثمين يرقص
wa-s-sāʾil ath-thamīn yarquṣu
بين الإبريق والكأس،
bayna al-ibrīq wa-l-kās,
ذهابًا وإيابًا،
dhahāban wa īyāban,
وأصابعُ الشيخ تبقى رشيقةً
wa-aṣābiʿu ash-shaykh tabqā rashīqah
رغم ثقل الزمن،
raġma thiqli az-zamān,
ولم تسقط قطرةٌ واحدة.
wa-lam tasquṭ qaṭrah wāḥidah.

ثمّ قدّم لي الشيخ
Thumma qaddama lī ash-shaykh
كلّ ما تبقّى في كأسه الوحيدة،
kulla mā tabaqqā fī kāsihi al-wāḥidah,
قبّل جبيني، وأشار إلى جمله،
qabbala jabīnī, wa ashāra ilā jamalih,
وقال لي إنّ ساعتي لم تأتِ بعد،
wa-qāla lī inna sāʿatī lam taʾti baʿd,
أمّا ساعته
ammā sāʿatuhu
فقد جاءت منذ زمنٍ بعيد.
faqad jāʾat mundhu zamānin baʿīd.

ثمّ نهضَ بصعوبة،
Thumma nahaḍa bi-ṣuʿūbah,
ومضى بخطواتٍ بطيئة،
wa maḍā bi-khuṭuwātin baṭīʾah,
كظلٍّ يتلاشى ببطء
ka-ẓillin yatalāshā bi-buṭʾin
في نور الصحراء.
fī nūri aṣ-ṣaḥrāʾ.

ولمّا رأيتُ من بعيد
Wa lammā raʾaytu min baʿīd
أضواء تمنراست،
aḍwāʾa Tamanrāsat,
وعرفتُ أنّني نجوت،
wa ʿaraftu annī najawtu,
عادت كلماته الأخيرة
ʿādat kalimātuhu al-akhīrah
تتردّد في أذني:
tatardadu fī udhunayya:

«هل نموت من الشيخوخة،
“Hal namūtu mina ash-shaykhūkhah,
أم من رؤية أنفسنا
am min ruʾyat anfusinā
وقد صرنا شيوخًا؟
wa-qad ṣirnā shuyūkhan?
أظنّ أنّني الآن،
Aẓunnu annanī al-ān,
عرفتُ الجواب... »
ʿaraftu al-jawāb…”

La flamme éternelle

[Traduction française]

Le feu prend vie.
Il s'éveille lentement, brisant le silence et les ténèbres avec la majesté d'un opéra qui s'ouvre.
Les flammes montent, se penchent, se croisent comme un ballet imprévisible de lumière et de respiration.
Elles réchauffent mon corps, apaisent mon âme ; après tant de jours de tumulte,
je peux enfin m'abandonner au plus beau spectacle qui soit.

Je fixe les flammes : jaunes, bleues, rouges : elles dansent, se déchirent, se recomposent.
Dans leurs reflets, je crois voir les légendes du peuple Haida : le Corbeau, rusé et
bienveillant, volant la lumière aux esprits pour l'offrir aux hommes.
Ici, sur ces îles de brume et de cèdres, le feu semble parler la même langue qu'eux : celle des origines.

Je m'approche. Le feu crépite, murmure et m'emporte dans l'imaginaire.
Je voyage à travers les âges :

4 décembre 1791, à Vienne : Mozart, malade et épuisé, s'incline sur la flamme de sa dernière chandelle.
Je crois l'entendre murmurer quelques notes du Requiem avant de sourire,
un sourire fragile, conscient que sa musique lui survivra.

Vers 2700 avant notre ère, à Saqqarah, Imhotep médite devant son brasier nocturne.
Dans l'ombre, il imagine la forme d'une pyramide et la promesse d'un corps préservé pour l'éternité.

335 avant Jésus-Christ, à Athènes, Aristote ouvre le Lycée.
Le feu de la raison éclaire son regard : il questionne les cieux, la
matière, la vie et la pensée humaine prend racine.

Vancouver, 2010 : la flamme olympique traverse les Rocheuses, portée de main en main, comme un souffle d'unité au cœur du froid.
Le feu voyage, indifférent aux frontières.

Et voici Confucius, surgissant d'une flamme bleue.
Il s'avance calmement, vêtu de simplicité.
Ses lèvres murmurent : *« N'impose jamais aux autres ce que tu ne choisirais pas pour toi-même. »*
Puis il s'efface, comme un éclat de braise dans le vent.

Un grand craquement : le feu se tord et s'assombrit.
Je vois des silhouettes, des chevaux, des lettres d'adieu tracées à la hâte, des éclats de lumière qui réconfortent et qui pleurent.
Le feu montre tout : la beauté, la folie, la douleur.

Peu à peu, les flammes faiblissent.
Elles se replient en elles-mêmes, hésitant entre la cendre et le sursaut.
Je souffle doucement, comme pour les retenir.

Le feu s'apaise, la nuit retombe.
Dans le silence, j'entends de nouveau le Corbeau rire doucement.
Lui seul, sans doute, connaît la réponse à ma question.
Quelle lumière verrai-je après ma mort ?

The Eternal Flame

The fire is alive.

It wakes slowly, breaking the silence and the darkness with the majesty of an opera's first notes.

The flames rise, lean, and cross each other as an unpredictable ballet of light and breath.

They warm my body, calm my soul; after so many restless days, I can finally surrender to the most beautiful spectacle there is.

I stare into the fire: yellow, blue, red... the colours dance, collide, and come together again.

In their reflections, I glimpse the legends of the Haida people: Raven, cunning and kind, stealing the light from the spirits to offer it to humankind.

Here, on these islands of mist and cedar, the fire seems to speak their language, the language of beginnings.

I move closer. The fire crackles, whispers, and carries me into imagination.

I travel through time:

December 4, 1791, Vienna : Mozart, weary and ill, bends over the flame of his final candle.

I can almost hear him hum a few notes of the Requiem before he smiles, a fragile smile, knowing that his music will outlive him.

Around 2700 BC, at Saqqara, Imhotep sits before his midnight fire.

In the shadows, he imagines the shape of a pyramid and the promise of a body preserved for eternity.

335 BC, Athens : Aristotle opens the Lyceum.

The fire of reason shines in his eyes; he questions the sky, the earth, and the soul and human thought begins to take root.

Vancouver, 2010 : the Olympic flame crosses the Rockies, passed from hand to hand like a breath of unity through the cold.

The fire travels, indifferent to borders.

And here comes Confucius, stepping through a blue flame.

He moves calmly, dressed in simplicity.

His lips whisper, "Do not impose on others what you would not choose for yourself."

Then he vanishes, like a spark carried away by the wind.

A sharp crack, the fire twists and darkens.

I see silhouettes, horses, farewell letters written in haste, flashes of light that comfort and weep.

The fire shows everything : beauty, madness, and pain.

Slowly the flames weaken.

They fold in on themselves, wavering between ash and rebirth.

I blow softly, as if to hold them back.

The fire quiets, the night falls.

In the silence, I hear Raven laugh again: a soft, distant laugh.

Perhaps he alone knows the answer to my question.

What light will I see after my death?

#49

Pour prolonger ce voyage au-delà du réel, laissez les esprits haïdas vous porter jusqu'à renaître dans l'espace.

Naître dans l'espace

#2

Envie de remonter dans le passé aux origines d'une langue ? Mettez le cap sur Bruxelles.

La magie des langues

#47

Quand le feu éclaire un empire figé dans le temps, poursuivez vers Xi'an, en Chine.

Le réveil de l'armée de terre cuite

#63

Pour découvrir le mystère du temps, rendez-vous au bord du lac Titicaca, entre le Pérou et la Bolivie.

L'enfant du lac Titicaca

#69

Lorsque réel et merveilleux se confondent, embarquez avec un pêcheur à Guilin, en Chine.

La pêche merveilleuse

L'heure des choix

[Traduction française]

Il est tard, mais le soleil refuse de
se coucher sur Stockholm.
Comme moi, il s'accroche.
Je refuse de laisser tomber, encore
rempli de cette colère qu'il faut
bien que je sorte quelque part.

Je repense à papa, qui m'a dit :

*« Tu ferais mieux de travailler
sérieusement à l'école.
Et puis oublie ça, tu ne deviendras jamais le
nouveau Duplantis, c'est trop dur d'y arriver. »*

Moi, j'ai pensé : tu verras, je ferai mieux.
Et c'est pour ça qu'il faut que je
m'entraîne encore plus.
Mais je ne lui ai pas répondu.
En plus, mamie m'a montré un vieux cahier
de mathématiques de quand il était petit.
Ce n'était pas mieux que moi, il y avait plein
de fautes et des dessins dans tous les sens.

Je repense aussi à maman.
Après le repas, elle m'a dit doucement :

*« Tu sais, si tu études bien, tu auras la
possibilité de faire tout ce que tu veux après.
Et peut-être même que tu changeras
le monde, comme ces personnes
qui ont reçu un prix Nobel. »*

Je ne sais pas si elle a raison...
En tout cas, eux, ils n'ont pas l'air
heureux dans leur travail.
Ils passent leur temps à se plaindre.
Et puis, j'ai déjà été dans leurs
bureaux : c'est gris, c'est triste...
Je ne veux pas travailler dans un
bureau quand je serai adulte.

Moi, je veux devenir un grand sportif.
Ou un musicien célèbre, peut-être.
Ils ne vont pas me faire croire que c'était
différent pour eux à mon âge.
Ils adorent regarder les Jeux Olympiques à la télé,
ils ont tous les disques d'ABBA à la maison
et ils ne sont jamais aussi heureux
que quand ils font la fête et oublient leur travail.

Et si ça ne marche pas,
je pourrais peut-être défendre la planète,
un peu comme Greta ?

C'est dur de choisir.
Et de devoir déjà renoncer, à treize ans.
Mais en attendant, demain à six heures,
je partirai courir, si vite
que mes chaussures auront du mal à me suivre.

Valets stund

Det är sent, men solen vägrar gå ner över Stockholm.
Precis som jag vägrar ge upp.
Jag är fortfarande fylld av den där ilskan
som måste ta vägen någonstans.

Jag tänker på pappa som sa:
"Du borde plugga ordentligt i skolan.
Och glöm det där, du blir aldrig nästa
Duplantis, det är för svårt."

Jag tänkte: du ska få se, jag ska bli bättre.
Det är därför jag måste träna ännu mer.
Men jag sa inget.

Dessutom visade farmor mig en gammal
mattebok från när pappa var liten.
Han var inte bättre än jag.
Det var fullt av fel och små teckningar överallt.

Jag tänker också på mamma.
Efter middagen sa hon tyst:
"Du vet, om du pluggar bra kan
du göra vad du vill sen.
Kanske till och med förändra världen,
som de som har fått Nobelpriset."

Jag vet inte om hon har rätt...
Men de verkar inte särskilt lyckliga på jobbet.
De klagar hela tiden.
Och jag har varit på deras kontor: grått, tråkigt...

Jag vill inte jobba på kontor när jag blir vuxen.
Jag vill bli en stor idrottsman.
Eller kanske en känd musiker.

De kan inte få mig att tro att det var
annorlunda för dem när de var unga.
De älskar att titta på OS på tv,
de har alla ABBA-skivorna hemma,
och de är som lyckligast
när de festar och glömmer jobbet.

Och om det inte går,
kanske jag kan rädda planeten,
lite som Greta?

Det är svårt att välja.
Och att behöva ge upp saker
redan när man är tretton.

Men tills vidare, i morgon klockan sex,
ska jag ge mig ut och springa,
så fort att skorna knappt hinner med.

#37

Si le rêve de devenir un grand sportif se heurte aux blessures et aux limites du corps, rejoignez Rotorua, en Nouvelle-Zélande.

Le silence après le haka

#18

Quand les parents projettent tous leurs espoirs sur l'avenir de leurs enfants, direction Sulawesi, en Indonésie.

Ce que je veux pour mes enfants

#60

Pour basculer du sport pratiqué au sport spectacle, laissez-vous porter jusqu'à Kansas City, au cœur des États-Unis.

Kansas City dans ma mémoire

Cette page est la vôtre. Vous pouvez par exemple figer un moment suspendu : un lieu, une émotion, un mot entendu ici ou ailleurs, une photo, un dessin...

AFFRONTER *le malheur*

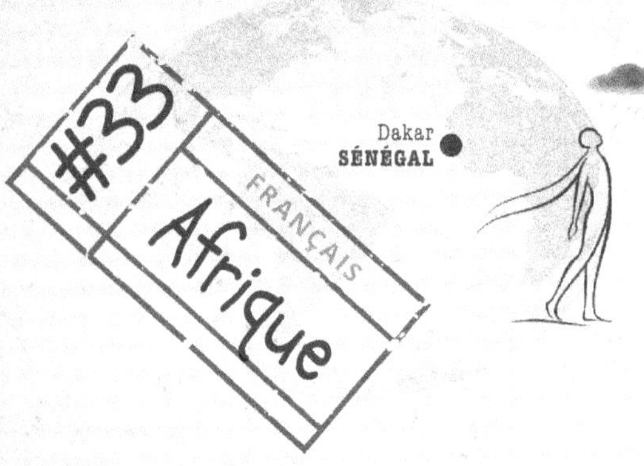

L'ourson du malade

J'ai le cancer.
Depuis un an aujourd'hui.
Ou peut-être deux, je ne sais plus.

En guise de cadeau de Noël,
une vieille guirlande poussiéreuse
tremble au-dessus de mon lit.
Combien de temps tiendra-t-elle ?
Plus longtemps que moi ?

J'étouffe.
Le ventilateur ronronne sans fin, exaspérant,
couvrant à peine les pleurs des malades.

J'ai peur.
Face à la mort qui essaie de m'avaler,
je revois ma vie défiler.
Des images que j'avais oubliées
et qui reviennent maintenant à la pelle :
mes rires et mes larmes d'enfant,
le ballon de foot dans la cour de l'école,
et ces filles si belles que je n'osais leur parler.

Je suis si seul.
Mes oreilles n'entendent plus ce que l'on me dit.
Recroquevillé sur moi,
j'ai abandonné déjà ce corps que je
ne veux plus reconnaître.

Il ne me reste plus que Doudou.
Doudou, il n'y a que moi qui sais son nom.
C'est un ours en peluche que quelqu'un a oublié...
Je n'ai pourtant jamais été superstitieux.
Et il n'est même pas beau...

Mais il est là.
Il est là depuis le début,
seul témoin de toutes mes souffrances,
de mes espoirs déçus, de mes projets les plus fous.
Beaucoup de choses autour de moi se sont écroulées,
comme un château de cartes
soufflé par le vent du Sahel.

Alors cette nuit, je prends Doudou dans mes bras,
je le serre contre mon cœur, je le caresse,
je lui parle tout doucement.
Je lui promets que je vais nous sortir de là,
qu'on prendra la route ensemble,
on traversera les pays et le désert,
de Dakar au Kilimandjaro,
et qu'il me montrera à quoi ressemble
la neige, là-bas, tout en haut.

Oui, Doudou a déjà vu la neige...
Comment le saviez-vous ?

#19
L'injustice frappe parfois les plus jeunes. Pour en explorer une autre facette, prenez la route vers la RDC.
Misère et petits fours

#70
Le voyage imaginé par l'enfant appelle l'eau et l'attente. Laissez-vous guider dans le Sahara oriental.
Le son de la pluie

#72
Si le rêve de montagne devient réalité, faites une halte en Suisse, pour contempler les sommets enneigés.
Face à la montagne

INJUSTICE
RÊVES
BRISÉS
ESPOIR
FATIGUE
PAS
PEUR
ON VA
S'EN SORTIR
DOUDOU

Le petit boudin de Mrs Twick

[Traduction française]

Chaque jour, après l'heure du thé
et avant la traditionnelle douche glacée,
Mrs Twick emmenait Henri faire un tour,
lui posait des milliers de questions
auxquelles il ne répondait jamais
car, à vrai dire, les bouledogues
ne parlent pas beaucoup.

Henri était tout ce qu'il lui restait au monde,
et elle tenait à être, pour lui,
la parfaite maîtresse.
Jamais un mot plus haut que l'autre,
sauf quand les bêtes noires d'Henri
finissaient par lui faire perdre patience.

« Mais enfin, n'était-ce pas ce caniche ridicule,
avec sa tête si facile à gribouiller,
qui, par pure provocation,
s'est mis à renifler sans fin ?
Et n'avez-vous pas entendu, mon cher,
comme ce berger allemand,
aboyait plus fort,
simplement parce qu'il était plus grand ? »

Pour satisfaire l'appétit sans limites de son chien,
Mrs Twick cuisinait pendant une heure
ce qu'Henri engloutissait en trois secondes.
Rien d'étonnant, donc, à ce qu'il
pèse plus de trente-cinq kilos !

Plat préféré ? Le pudding au beurre
de cacahuète et à la confiture.
Mots favoris ? « Henri, le dîner est prêt ! »
Bien sûr, tous les enfants l'appelaient
« la saucisse à pattes »,
car ils savaient combien il aimait manger.

Il était difficile de ne pas sourire
en le voyant dans sa petite tenue du dimanche,
verte et rouge, sans manches, bien trop serrée,
ou en observant son nez écrasé de boxeur
si peu évocateur d'une rose anglaise.

Mais un jour, je compris qu'au-delà d'Henri
palpitait le discret souffle de la vie.
Et, entre nous, honnêtement,
qui, sinon Henri,
se lèverait pour elle au beau milieu de la nuit ?
Qui, sinon Henri,
pourrait se dire plus fidèle ?
Qui, sinon Henri,
resterait près d'elle dans les mauvais jours ?
Mais surtout, dites-moi, Monsieur,
qui, sinon elle,
pleurerait
si Henri venait à mourir ?
... Peut-être moi...
... Un soir...

Mrs Twick's Little Sausage

Every day, after tea time
and before the traditional chilly shower,
Mrs Twick would take Henri for a walk,
asking him thousands of questions
he would never answer
for bulldogs hardly have the ability to talk.

Henri was all she had left in this world,
and she intended to be the perfect master,
never saying a bad word,
unless Henri's *bêtes noires*
made her lose her temper.

"But, really, wasn't it that silly poodle,
with a face so easy to doodle,
inspiring nothing but provocation,
that started sniffing without interruption?

And didn't you hear, my dear,
how that German Shepherd near
was barking louder,
simply because he was taller?"

To satisfy her dog's endless hunger,
Mrs Twick would cook in one hour
what Henri would swallow in three seconds.
No wonder he weighed eighty pounds!

Favourite meal? Pudding with peanut butter and jelly.
Favourite words? 'Henri, dinner is ready!'
Of course, all the children called him
'the sausage with feet',
since they knew how much he could eat.

It was hard not to laugh
at his tight green-and-red Sunday clothes,
not to mention his flat boxer nose
so far from any English rose.

But one day I realised that beyond Henri
was the quiet pulse of life itself.
And tell me, honestly,
who else but Henri
would wake for her in the dead of night?
Who else but Henri
could claim such faithful light?
Who else but Henri
would stay beside her through each fight?
But above all, tell me, Sir
who else but her
would cry
if Henri were to die?
... I might ...
... one night.

#50

L'auto-dérision britannique vous donne envie de prêter une voix aux animaux ? Mettez les voiles vers Barcelone.

Les perroquets de Barcelone

#10

Quand l'humour anglais vous ouvre l'appétit, faites une halte à Bordeaux.

Viens faire la fête, compère Cholestérol !

#67

Si la solitude silencieuse de Mrs Twick vous touche, laissez-vous glisser au large de Plymouth, vers les profondeurs de l'océan Atlantique.

La planète bleue

Я решил Б

La Douleur

[Traduction française]

La Douleur...
Pourquoi, à la prononciation
d'un mot pourtant si basique,
est-ce que je ressens aussitôt
une peur indéfinissable ?
C'est vrai, le petit recteur
moustachu m'avait
bien prévenu :
« Souvenez-vous, jeune
homme, la vie ce n'est
pas du sucre ! »
Mais je ne l'avais pas
vraiment pris au sérieux.
« Merci mais je ne mange pas
sucré, Boris Borisovitch »,
avais-je répondu effrontément.
Et puis, un matin, elle
m'a rattrapé...

La Douleur...
plus rapide qu'un
éclair dans la nuit,
plus bruyante qu'un
tocsin dans le silence,
plus sourde que les pas
d'un soldat dans la neige,
plus sinistre qu'une datcha
froide et abandonnée.

La Douleur...
Bienvenue dans un
autre monde
où l'on ne te comprend pas,
mais où l'on te regarde
avec curiosité,
comme un mirage.

La Douleur...
pour t'arrêter nous
serions prêts à tout,
mais même l'argent
ne peut t'acheter.
Bientôt il ne reste plus rien...
que la solitude.

Un jour pourtant, sans
raison, l'orage s'est arrêté.
J'ai remarqué un
rayon de soleil
et soudain j'ai senti
l'humidité de la pluie,
comme si le temps
recommençait à exister
et qu'au bout du tunnel
je voyais la lumière.

Aujourd'hui, j'ai décidé
d'accepter la Douleur
car peut-être
est-ce au fond
la plus éprouvante
et aussi la plus utile des
expériences de la vie.
Mais j'ai compris que jamais
je ne saurai la dompter,
et je crains le jour
où, comme un esclave,
je devrai de nouveau
m'agenouiller devant elle.

Боль

Bol' [Translittération]

Боль,
Bol',
Почему же, когда произношу
настолько маленькое слово,
Pochemu zhe, kogda proiznoshu
nastol'ko malen'koye slovo
сразу же испытываю
неопределённое чувство страха?
srazu zhe ispytivayu
neopredelyonnoye chuvstvo strakha?
Правда, меня тогда
предупреждал маленький
усатый ректор:
Pravda, menya togda preduprezhdal
malen'kiy usatyy rektor:
«Запомните, молодой человек,
жизнь это не сахар!»
«Zapomnite, molodoy chelovek,
zhizn' eto ne sakhar!»
Но я его, честно говоря,
всерьёз не принимал.
No ya yevo, chestno govorya, vserez ne prinimal.
«Спасибо, но сладкого не
ем, Борис Борисович»,
«Spasibo, no sladkogo ne
yem, Boris Borisovich»,
нагло отвечал я тогда.
naglo otvechal ya togda.
Ну вот однажды утром она
меня поймала вот эта...
Nu vot odnazhdy utrom ona
menya poymala vot eta...

Боль,
Bol',
быстрее, чем молния в ночи,
bystree, chem molniya v nochi,
громче, чем набат в тишине,
gromche, chem nabat v tishine,
глуше, чем шаги сапог в снегу,
glushe, chem shagi sapog v snegu,
зловеще, чем холодная,
оставленная дача.
zlovesche, chem kholodnaya,
ostavlennaya dacha.

Боль,
Bol',
добро пожаловать в другой мир,
dobro pozhalovat' v drugoy mir,
где тебя не понимают,
gde tebya ne ponimayut,
хотя на тебя любопытно смотрят,
khotya na tebya lyubopytno smotryat,
как на мираж.
kak na miraj.

Боль,
Bol',
чтобы тебя остановить,
мы готовы на всё,
chtoby tebya ostanovit', my gotovy na vsyo,
но и деньгами тебя не купишь.
no i den'gami tebya ne kupish'.
Скоро ничего не остаётся...
Skoro nichego ne ostayotsya...
только одиночество.
tol'ko odinochestvo.

Но однажды почему-то
гроза остановилась.
No odnazhdy pochemu-to groza ostanovilas'.
Я заметил луч солнца,
Ya zametil luch solntsa,
и мокрость дождя вдруг
почувствовал,
i mokrost' dozhdya vdrug pochuvstvoval,
как будто время снова начиналось,
kak budto vremya snova nachinalos',
и в конце туннеля я увидел свет.
i v kontse tunnelya ya uvidel svet.

Теперь я решил Боль принимать,
Teper' ya reshil Bol' prinimat',
ведь, быть может, Боль -
ved', byt' mozhet, Bol' -
самый тяжёлый
samyy tyazhelyy
и самый полезный опыт жизни.
i samyy poleznyy opyt zhizni.
Но я понял, что никогда
не успею её укротить,
No ya ponyal, chto nikogda ne
uspeyu yeyo ukrotit',
и боюсь дня,
i boyus' dnya,
когда, как раб, снова встану
перед ней на колени.
kogda, kak rab, snova vstandu
pered ney na koleni.

#40

Lorsque la douleur prend la forme d'un deuil impossible, suivez le chemin jusqu'à Chiang Mai, en Thaïlande.

Où est mon enfant ?

#33

Face à la souffrance du corps fragile d'un enfant, partez pour Dakar, au Sénégal.

L'ourson du malade

#47

Si vous vous interrogez sur ceux que la douleur semble épargner, direction Xi'an, en Chine.

Le réveil de l'armée de terre cuite

#31

Quand la douleur devient un feu que l'on apprend à regarder autrement, embarquez pour Haida Gwaii, dans l'Ouest du Canada.

La flamme éternelle

Aux enfants de la guerre

[Traduction française]

À vous, enfants de Palestine,
Qui ne connaissez plus
le calme du matin,
Qui dormez à l'ombre des ruines,
Et rêvez d'un avenir pour demain,

Moi, je vous dis :
Donnez-nous une chance,
Donnez-vous une chance.
Plantez vos armes dans la terre,
Qu'elles deviennent des
arbres de lumière.

À vous, enfants d'Israël,
Fatigués d'avoir si mal dormi,
Toujours inquiets de regarder le ciel,
Même quand les obus se taisent la nuit,

Moi, je vous dis :
Donnez-nous une chance,
Donnez-vous une chance.
Ouvrez vos portes à la vie,
Vos voisins ne sont pas vos ennemis.

À vous, enfants de la guerre,
Sans mère, sans frontière, sans repère,
Qui vivez dans la peur,
Et grandissez dans la douleur,

Moi, je vous dis :
Donnez-nous une chance,
Donnez-vous une chance.
Bâtissez des ponts, des écoles,
Pour vos enfants, comme un symbole.

À vous, enfants de la paix,
Qui n'êtes pas encore nés,
Mais avec qui l'espoir renaît,
Pour réparer ce que l'on a blessé,

Moi, je vous dis :
Donnez-nous une chance,
Donnez-vous une chance.
Grandissez sans haine ni peur,
Et gardez cette innocence
dans vos cœurs.

إلى أطفال الحرب
לכם, ילדיהמלחמה

Ce texte, possiblement chanté, est le seul du livre à faire dialoguer deux langues : l'arabe et l'hébreu. Deux langues sœurs, nées d'une même ossature de sens, que l'histoire a éloignées sans jamais les rendre étrangères.

לכם, ילדי המלחמה

[Translittération] **Lakhem, yaldei ha-milkhama**

לכם, ילדי פלסטין,
Lakhem, yaldei Falastin,,
שעדיין לא ידעתם שלוות בוקר,
she-adáyin lo yedátem shalvát bóker,
הישנים בצִלֵי ההריסות,
ha-yeshením be-tsiléi ha-harisót,
והחולמים על עתיד של מחר,
ve-ha-cholmím al atíd shel machár,

אני אומר לכם:
ani omér lakhem:
תנו לנו הזדמנות,
tnú lánu hazdamanút,
ותנו לעצמכם הזדמנות.
ve-tnú la-atsmékhem hazdamanút.
שתלו את נשקכם באדמה,
shitlú et nishkékhem ba-adamá,
ויהפכו לעצים של אור.
ve-yahafkhú le-etsím shel ór.

לכם, ילדי ישראל,
Lakhem, yaldei Yisra'él,
העייפים מלילות ללא שינה,
ha-ayefím mi-leilót le-ló sheiná,
המביטים אל השמיים בדאגה מתמדת,
ha-mabitím el ha-shamáyim be-da'agá mitmedét,
גם כאשר התותחים שותקים בלילה,
gam ka-ashér ha-totakhím shotkím ba-láyla,

אני אומר לכם:
ani omér lakhem:
תנו לנו חזדמנות,
tnú lánu hazdamanút,
ותנו לעצמכם הזדמנות.
ve-tnú la-atsmékhem hazdamanút.
פתחו את דלתותיכם אל החיים,
pitkhú et daltotéykhem el ha-chayím,
שכניכם אינם אויביכם.
shkheneikhem einám oyevékhem.

לכם, ילדי המלחמה,
Lakhem, yaldei ha-milkhama,
בלי אם, בלי גבולות, בלי עוגן,
blí ém, blí gvulót, blí ógen,
החיים בפחד שאינו פוסק,
ha-chayím be-pákhad she-einó pósek,
והגדלים בתוך כאב,
ve-ha-gdelím betókh ke-év,

אני אומר לכם:
ani omér lakhem:
תנו לנו הזדמנות,
tnú lánu hazdamanút,
ותנו לעצמכם הזדמנות.
ve-tnú la-atsmékhem hazdamanút.
בנו גשרים ובתי-ספר,
bnú gsharím u-vatéi-séfer,
למען ילדיכם, כסמל לחיים.
le-má'an yaldéykhem, ke-sémel la-chayím.

לכם, ילדי השלום,
Lakhem, yaldei ha-shalóm,
שטרם נולדתם,
she-térem noládtem,
אך התקווה נולדת בכם מחדש,
akh ha-tikvá nolédet bakhém me-khadásh,
לתקן את אשר נפצע בנו,
le-takén et ashér niftsá banú,

אני אומר לכם:
ani omér lakhem:
תנו לנו הזדמנות,
tnú lánu hazdamanút,
ותנו לעצמכם הזדמנות.
ve-tnú la-atsmékhem hazdamanút.
גדלו ללא שנאה וללא פחד,
gid·lú le-ló sin'á ve-le-ló pákhad,
ושמרו את תמימותכם בלבכם.
ve-shimrú et tmimút'khem be-libkhem.

إلى أطفال الحرب

[Translittération] Ila atfāl al-harb,

إلى أطفال فلسطين،
Ilā aṭfāl Filasṭīn,
الذين لم يعرفوا بعد هدوءَ الصباح،
alladhīna lam yaʿrifū baʿdu hudūʾa aṣ-ṣabāḥ,
الذين ينامون في ظلّ الأنقاض،
alladhīna yanāmūna fī ẓilli al-anqāḍ,
ويحلمون بمستقبل ليوم الغد،
wa yaḥlamūna bi-mustaqbalin li-yawm al-ghad,
أنا أقول لكم:
aqūlu lakum:
أعطونا فرصة،
aʿṭūnā furṣah,
وأعطوا لأنفسكم فرصة.
wa aʿṭū anfusakum furṣah.

ازرعوا أسلحتكم في الأرض،
Izraʿū asliḥatakum fī al-arḍ,
لتصبح أشجارًا من نور.
li-tuṣbiḥa ashjāran min nūr.

إلى أطفال إسرائيل،
Ilā aṭfāl Isrāʾīl,
المتعبين من نوم سيّئ،
al-mutaʿabīna min nawmin sayyiʾ,
الذين يراقبون السماء بقلق دائم،
alladhīna yurāqibūna as-samāʾ bi-qalaqin dāʾim,
حتى حينما تصمت القذائف ليلًا،
ḥattā ḥīna taṣmut al-qadhāʾif laylan,
أنا أقول لكم:
aqūlu lakum:
أعطونا فرصة،
aʿṭūnā furṣah,
وأعطوا لأنفسكم فرصة.
wa aʿṭū anfusakum furṣah.

افتحوا أبوابكم للحياة،
Iftaḥū abwābakum lil-ḥayāh,
فجيرانكم ليسوا أعداءكم.
fa-jīrānakum laysū aʿdāʾakum.

إلى أطفال الحرب،
Ilā aṭfāl al-ḥarb,
بلا أمّ، بلا حدود، بلا مرجع،
bilā umm, bilā ḥudūd, bilā marjaʿ,
الذين يعيشون في خوف لا ينقطع،
alladhīna yaʿīshūna fī khawfin lā yanqaṭiʿ,
وينشأون في الألم،
wa yanshaʾūna fī al-alam,
أنا أقول لكم:
aqūlu lakum:
أعطونا فرصة،
aʿṭūnā furṣah,
وأعطوا لأنفسكم فرصة.
wa aʿṭū anfusakum furṣah.

ابنوا جسورًا ومدارسَ،
Ibnu jisūran wa madāris,
لأطفالكم، كرمز للحياة.
li-aṭfālikum, ka-ramzin lil-ḥayāh.

إلى أطفال السلام،
Ilā aṭfāl as-salām,
الذين لم يولدوا بعد،
alladhīna lam yūladū baʿd,
لكن الأمل فيهم يولد من جديد،
lākina al-amal fīhim yūladu min jadīd,
ليُصلحوا ما جُرح فينا،
li-yuṣliḥū mā juriḥa fīnā,
أنا أقول لكم:
aqūlu lakum:
أعطونا فرصة،
aʿṭūnā furṣah,
وأعطوا لأنفسكم فرصة.
wa aʿṭū anfusakum furṣah.

كبروا بلا كراهية أو خوف،
Kbarū bilā karāhiyyah aw khawf,
واحتفظوا ببراءتكم في قلوبكم.
wa iḥfaẓū barāʾatakum fī qulūbikum.

#33

Ces voix peuvent aussi conduire vers l'enfance blessée. Entrez dans un hôpital de Dakar.

L'ourson du malade

#49

Après tant de souffrance, l'enfance peut retrouver le chemin de l'émerveillement. Laissez-vous emporter loin de la Terre.

Naître dans l'espace

#63

Pour rester dans l'innocence de l'enfance, prenez la direction du lac Titicaca, à la frontière du Pérou et de la Bolivie.

L'enfant du lac Titicaca

Le silence après le haka

[Traduction française]

Il vient souvent s'asseoir près du
stade, au coucher du soleil.
Toujours seul.
Les autres s'entraînent, rient, s'interpellent.
Lui regarde, sans un mot.
On dit qu'il était doué.

Puissant, rapide, le genre de garçon
que tout le monde remarque.
Il jouait comme s'il portait tout le
mana de sa tribu sur ses épaules.
Et puis un jour, son genou a cédé.
Pas une simple blessure, la fin de tout.
Il ne rejouera jamais.

Depuis, il dérive.
La bière remplace les entraînements,
les nuits s'allongent,
le regard se vide.
On parle de dépendance,
de fatigue, de jeunes perdus.
Il est seul maintenant.
Même ses amis d'avant ne passent plus.

Parfois, il sourit, comme avant.
Et puis plus rien.
Il regarde la vapeur des sources
monter dans le ciel,
et j'ai peur qu'il pense à partir, lui aussi.

Je me dis parfois que le temps guérit tout.
Et parfois, je me dis des
choses plus sombres.

Je le regarde sans qu'il me voie.
Et je sens mes larmes venir.

Parce que c'est mon fils.
Et qu'il ne m'écoute plus.
Que puis-je faire, moi, maintenant ?

Te Māharahara i muri i te Haka

Ka noho ia ki te taha o te papa tākaro i ngā ahiahi.
He tangata kotahi noa.
Kei te whakangungu ētahi atu, e kata
ana, e karanga ana tētahi ki tētahi.
Ko ia, e mātakitaki ana, kāore he kupu.

I kī rātou he tino pūkenga ia.
He kaha, he tere, he tama i tino mōhiotia e te katoa.
I purei ia me te mana o ōna tīpuna
kei runga i ōna pakihiwi.
Engari i tētahi rā, i whati tōna turi.
Ehara i te wharanga noa iho, he mutunga kē.
Kāore ia e purei anō.

Mai i taua wā, kua ngaro tōna ara.
Kua whakakapia ngā whakangungu e te pia,
kua roa rawa ngā pō,
kua koretake te titiro.
E kōrerotia ana mō te waranga, mō te
ngenge, mō ngā rangatahi kua ngaro.
Kua noho mokemoke ia ināianei.
Ā, kua kore ōna hoa tawhito e toro mai.

I ētahi wā ka menemene ia, pēnei i mua.
Ā muri iho, kāore he mea.
Ka titiro ia ki te kohu e piki ake ana i ngā puna wera,
ā, ka mataku ahau kei te hiahia ia ki te wehe atu hoki.

I ētahi wā ka whakapono ahau ka
rongoa te wā i ngā mamae katoa.
Ā, i ētahi wā, ka whakaaro au i ngā mea pōuri ake.

Ka mātakitaki au i a ia, kāore ia e kite i ahau.
Ā, ka tīmata aku roimata te rere.

Nō te mea, he tama nāku.
Ā, kāore ia e whakarongo mai.
He aha taku e taea ai, ināianei?

#12
Face à l'effritement d'un socle familial, rendez-vous à Riyad, en Arabie saoudite.
Ma famille pour plus grande richesse

#42
Quand la lutte devient une question de survie, le chemin vous conduit vers la grande île de Madagascar.
Le dernier combat

#18
Le courage peut aussi servir à défendre une terre et ceux qui y vivent. Cap sur Sulawesi, en Indonésie.
Ce que je veux pour mes enfants

#26
Lorsque la solitude se cache derrière la foule et la nuit, franchissez les portes d'une boîte de nuit à Hanoï, au Vietnam.
La balayeuse du 1900

J'ai fait un cauchemar

[Traduction française]

J'ai fait un cauchemar : un jour, en me levant, je découvrais
que toutes les personnes autour de moi
étaient devenues des squelettes.
Leurs os blancs brillaient si fort
que je ne pouvais même plus les regarder.
Ils parlaient entre eux dans une langue étrange, inconnue.
Leurs voix grinçantes me blessaient les oreilles,
j'ai dû les boucher avec mes doigts.
Des villes bourdonnantes jusqu'aux collines rouges désertes,
ces êtres erraient avec agitation...
comme des mouches attirées par l'odeur de la mort.
Étrangement, ils n'avaient que quatre doigts.

Quand je me suis réveillé, je pouvais à peine respirer.
L'air était si chaud que je voyais ma peau se fissurer.
L'eau de la maison s'était changée en boue épaisse.
Mon jardin, autrefois vert et plein de vie,
n'était plus qu'un tas de fleurs desséchées.
À terre, une araignée à quatre pattes rampait lentement.
Qu'est-ce qui se passait ?
Avais-je fait quelque chose de mal ?

Jusque-là, ma vie suivait un plan parfait.
Je travaillais jour et nuit,
respectant toutes les règles sans jamais les questionner.
Je remerciais même Dieu pour les
merveilles qu'il avait créées.

Puis j'ai regardé dans le miroir
et au lieu de mon visage, j'ai vu des parents désespérés
vendre leurs organes pour offrir un
jour de plus à leurs enfants,
des paysans fiers devenus pyromanes
pour récolter une dernière fois,
des intellectuels se nourrissant de leurs propres idéaux
pour conserver le pouvoir,
des fils de Premières Nations renonçant à leurs racines
pour un rêve plus facile, ailleurs.

Leurs visages étaient plus réels
que les images sur mon écran,
mais aucun d'eux n'avait d'index.
En regardant plus profondément,
j'ai vu des tours pleines d'êtres humains
qui ne touchaient plus la terre,
des foules se nourrissant d'aliments chimiques,
des nations déversant leurs déchets dans l'océan,
des générations défilant sans fin,
marionnettes de l'algorithme,
des hommes et des femmes
faisant semblant de vivre ensemble le jour
mais seuls, toujours, la nuit.

L'odeur de la mort devenait plus forte.
Terrifié, j'ai saisi une chaise
et j'ai brisé le miroir.
Il a éclaté dans un bruit terrible.
À la fois mort et vivant,
j'étais entouré de millions d'index perdus
qui me pointaient du doigt.

J'ai juré que si je pouvais revenir à ma vie d'avant,
j'aiderais davantage les autres.
Alors les doigts ont rassemblé les cartes de la vie,
les ont posées sur le tapis
et m'ont offert une seconde chance
Mais j'ai oublié la partie que nous jouions.
Je suis revenu dans mon monde privilégié,
et j'évite désormais de croiser mon reflet dans le miroir.
Pourtant, chaque fois que je lève les yeux
vers le ciel pour le contempler,
je ne vois qu'une multitude de doigts
toujours pointés sur moi.

I Had a Nightmare

I had a nightmare that one day I woke up
and found out that all the people walking next to me
had turned into skeletons.
Their white bones were shining so brightly
I couldn't look at them.
They spoke in an eerie language I had never heard before.
Their squeaky voices hurt my ears so badly
I had to cover them.
From the humming cities to the deserted red hills,
these beings were wandering with agitation...
like flies excited by the smell of death.
Curiously, they only had four fingers.

When I awoke, I could hardly breathe.
The air was so hot I could see my skin cracking.
The water in my house had turned to thick mud.
My once green garden was now a heap of dried flowers.
On the ground, a spider with only four legs was crawling.
What the hell was going on?
Had I done anything wrong?

Until then, my life had followed a perfect Business Plan.
I had worked night and day,
abiding by all the rules without ever questioning them.
I even thanked God for the wonders He had created.

Then I looked into the mirror,
and in place of my own face, I saw desperate parents
selling their organs to grant their children one more day,
proud farmers turned arsonists
for the sake of one final harvest,
intellectuals feeding on their own ideals
to cling to power,
sons of First Nations turning away from their roots
in pursuit of an easier dream elsewhere.
Their faces were more real than the images on my screen,
yet none had a forefinger.
Looking deeper,
I saw towers filled with people who no longer touched the ground,
crowds feeding on chemical food,
nations dumping waste into the ocean,
generations scrolling endlessly,
like puppets of the algorithm,
men and women pretending to socialize by day
but always alone by night.

The smell of death grew stronger.
Terrified, I took a chair
and smashed the mirror.
It shattered with a terrible sound.
Both dead and alive,
I was surrounded by millions of lost forefingers
pointing at me.

I swore that if I could return to my former life,
I would help others more.
Then the fingers gathered the cards of life,
laid them on the table,
and offered me a second chance.
But I have forgotten the game we were playing.
I am back now, in my privileged world,
avoiding my own reflection in the mirror.
Yet, each time I raise my eyes to the sky to contemplate it,
I can only see a multitude of fingers
still pointing at me.

#41
Ce cauchemar vous pousse à regarder la violence humaine en face ? Suivez le chemin jusqu'à Bagdad, en Irak.
La larme du kamikaze

#39
Quand la révolte devient si forte que la mort ne fait plus peur, direction Managua, au Nicaragua.
Donne-moi un dernier baiser d'amour

#3
Lorsque le tumulte intérieur appelle douceur et silence, laissez le pas vous mener vers Hurghada, au bord de la mer Rouge, en Égypte.
Bonne nuit Leila

#8
Si vous éprouvez simplement le besoin de voir des gens rire, cap sur Oaxaca, au Mexique.
Le marché du bonheur

Dame un último beso de amor

Así es que voy a morir en unas horas.
Siempre rechacé enfrentarme a la muerte,
pero al parecer esta vez no tengo alternativa...
y realmente no estoy preparado.

Creo que creo en Dios,
aunque Él sabe bien que fui poco creyente
y no lo bastante generoso durante mi vida.
Además, yo me pasé toda la vida quejándome,
¿Será suficiente la eternidad para que me perdonen?

Puedo oír tambores a lo lejos,
un ritmo alegre, como los del palo de mayo en las calles,
pero estoy seguro de que, cuando suene la última percusión,
mi corazón dejará de latir.

Ya es el momento para darte un último beso, mi amor.
Quisiera decirte lo maravillosa que fue mi vida contigo,
quisiera agradecerte cada segundo pasado en tu presencia,
pero no lo logro: ya no puedo hablar.

Siento tu aliento caliente,
y todo lo nuestro se me viene a la mente.
Para siempre me lo llevaré.

Dentro de poco estaré en el panteón familiar.
Tal vez, en esa otra vida,
sepa cuidar mejor de mis seres queridos.

Los tambores suenan más cerca...
¡Tres, dos, uno...!
¡Ya está!

Donne-moi un dernier baiser d'amour

[Traduction française]

Je vais donc mourir dans quelques heures.
J'ai toujours refusé d'affronter la mort,
mais cette fois, il semble que je n'aie plus le choix...
et je ne suis vraiment pas prêt.

Je crois que je crois en Dieu,
même si je sais qu'Il sait
que j'ai été peu croyant
et pas assez généreux.
Et moi qui ai passé toute mon existence à me plaindre,
aurai-je assez de l'éternité pour me faire pardonner ?

J'entends des tambours au loin,
un rythme joyeux, comme ceux du *palo de mayo* dans les rues,
mais je suis sûr qu'à la dernière percussion,
mon cœur cessera de battre.

C'est le moment de te donner ton dernier baiser, mon amour.
J'aimerais te dire combien ma vie fut belle à tes côtés,
te remercier pour chaque seconde passée en ta présence...
mais je n'y arrive pas : je ne peux plus parler.

Je sens ton souffle chaud,
et tous nos souvenirs me reviennent en tête.
Je les emporterai avec moi, pour toujours.

Bientôt, je rejoindrai le caveau familial.
Peut-être que, dans l'autre vie,
je saurai mieux prendre soin de ceux que j'aime.

Les tambours se rapprochent...
Trois... deux... un...
Ça y est !

#11

Le silence s'installe un instant, puis la musique reprend, comme une célébration de la vie. Direction Rio de Janeiro.

Ma vie est samba

#13

Ailleurs, la musique ne célèbre pas seulement : elle rassemble, elle soulève, elle résiste. Cap sur Cuba.

La musique de la Révolution

#4

La musique devient plus grave, plus lente, chargée de mémoire. Rendez-vous à Chicago.

La voix du blues

#29

Le rythme s'apaise et se mêle au bruit des vagues. Embarquez pour la République dominicaine.

La vague de ma vie

#56

Lorsque la musique quitte la terre pour devenir prière, envolez-vous pour l'Inde.

Un chant pour le Gange

Où est mon enfant ?

[Traduction française]

C'était le début de la saison des pluies.
Une pluie si forte qu'elle brouillait
le regard et le temps.

Dans l'indifférence générale,
un *songthaew* rouge lancé trop vite
a percuté notre enfant en plein jour,
dans l'innocence de ses six ans.

Très vite,
son petit corps qui ne grandira
plus jamais a été emporté
pour que la circulation reprenne.
Comme si de rien n'était.

Au temple, là où repose son urne,
nous venons chaque jour
déposer des fleurs fraîches.
Nous aurions tant aimé avoir d'autres enfants,
mais la vie ne nous en a donné qu'un seul.
Il vole à présent dans le ciel,
jouant avec le soleil et le vent,
comme un cerf-volant.

Aujourd'hui,
il ne nous reste que les souvenirs
douloureux du passé,
l'indifférence du présent
et l'absence d'avenir.

C'était le début de la saison des pluies.
Une pluie si forte qu'elle brouillait
le regard et le temps.

Et notre existence s'est arrêtée…
comme noyée dans ses propres larmes.

ลูกของฉันอยู่ที่ไหน

Luk khong chan yu thi nai [Translittération]

มันเป็นช่วงต้นฤดูฝน
Man pen chuang ton rudu fon
สายฝนตกหนักจนโลกทั้งใบดูพร่ามัว
Sai fon tok nak jon lok thang bai du phra mua

ท่ามกลางความเฉยเมยของผู้คน
Tham klang khwam choei-moi khong phu khon
รถสองแถวสีแดงคันหนึ่งที่แล่นเร็วเกินไป
Rot songthaew si daeng khan nueng thi laen reo koen pai
ชนลูกของเรากลางวันแสก ๆ
Chon luk khong rao klang wan saek saek
ในความไร้เดียงสาของวัยหกขวบ
Nai khwam rai diangsa khong wai hok khwap

ไม่นาน
Mai nan
ร่างเล็ก ๆ ที่จะไม่เติบโตอีกต่อไปก็ถูกพาไป
Rang lek lek thi cha mai tuo to ik to pai ko thuk pha pai
เพื่อให้การจราจรกลับมาเป็นปกติ
Phuea hai kan charatchon klap ma pen pokkati
เหมือนไม่มีอะไรเกิดขึ้นเลย
Muean mai mi arai koet khuen loei

ที่วัด ที่ซึ่งอัฐิของเขาถูกเก็บไว้
Thi wat thi sueng athi khong khao thuk kep wai
เรามาวางดอกไม้สดทุกวัน
Rao ma wang dokmai sod thuk wan
เราฝันจะมีลูกมากกว่านี้
Rao fan cha mi luk mak kwa ni
แต่ชีวิตให้เรามาเพียงคนเดียว
Tae chiwit hai rao ma phiang khon diao
ตอนนี้เขาบินอยู่บนท้องฟ้า
Ton ni khao bin yu bon thongfa
เล่นกับแสงอาทิตย์และสายลม
Len kap saeng athit lae saai lom
เหมือนว่าวตัวหนึ่ง
Muean waw tua nueng

ตอนนี้
Ton ni
สิ่งที่เหลืออยู่มีเพียงความทรงจำอันเจ็บปวดในอดีต
Sing thi luea yu mi phiang khwam songcham an chep puat nai adit
ความเฉยเมยของปัจจุบัน
Khwam choei-moi khong patchuban
และการไม่มีอนาคต
Lae kan mai mi anakhot

มันเป็นช่วงต้นฤดูฝน
Man pen chuang ton rudu fon
สายฝนตกหนักจนโลกทั้งใบดูพร่ามัว
Sai fon tok nak jon lok thang bai du phra mua

และชีวิตของเราก็หยุดนิ่ง...
Lae chiwit khong rao ko yut ning...
เหมือนจมน้ำตาของตัวเอง
Muean chom namta khong tua eng

#72

La montagne peut parfois accueillir la peine quand les mots manquent. Faites-en votre confidente du côté de la Suisse.

Face à la montagne

#63

S'imaginer que le temps puisse revenir en arrière ou se figer ? Prenez la direction du lac Titicaca, entre Pérou et Bolivie.

L'enfant du lac Titicaca

#8

Lorsque la douleur devient trop lourde, le rire peut apaiser. Dirigez-vous vers le Mexique.

Le marché du bonheur

#2

Si l'écriture thaï vous inspire à découvrir le fil des langues et de leur histoire, l'aventure se poursuit à Bruxelles.

La magie des langues

La larme du kamikaze

[Traduction française]

Le marché, noir de monde… le soleil… les cris des vendeurs
pour attirer le client… les abayas noires qui passent…

Et puis il y avait cette petite fille qui devait avoir dix ans tout
au plus… elle avait un nœud blanc dans les cheveux…
Je lui ai souri, lui ai dit bonjour et demandé comment elle s'appelait…
Elle ne m'a pas répondu mais m'a souri timidement à son tour…

Et ce bruit sourd, terrible, qui semble vous arracher du monde des vivants…
ce bruit d'explosion qui ne me quitte plus le jour comme la nuit…
Quand je reviens à moi, je n'entends plus rien mais
je devine les cris d'horreur et de douleur…
Un film d'horreur en version muette se déroule devant moi.

Je me redresse tant bien que mal…
ma chemise est rouge de sang…
Suis-je blessé ? Qu'importe, où est la petite fille ?
La retrouver, vite, la secourir…
Le terrorisme ne peut pas frapper les enfants…
Dieu ne le permettrait pas…
Du sang, des membres épars, des corps encore
chauds soudain vidés de leur vie, partout…
mais où est-elle ?

Je l'ai finalement retrouvée près d'un grand cratère,
sa main droite reposant sur la gauche, sur son ventre.
Son cœur ne battait plus,
mais, étonnamment, son corps était resté presque intact.
Je l'ai prise dans mes bras.
Le nœud blanc dans ses cheveux s'est détaché pour tomber à terre.

C'est alors que je vis une grosse larme
qui était comme figée sur sa joue.

دمعة الانتحاري

[Translittération] Damaʿat al-intihārī

السوق مزدحمٌ بالناس... الشمس... صرخاتُ الباعةِ
لجذبِ الزبائن... العباءاتُ السوداءُ تمرُّ أمامي...
As-sūqu muzdahimun bin-nās... ash-shams... ṣarakhātu al-bāʿati li-jadhbi az-zabāʾin... al-ʿabāyātu as-sawdāʾu tamurru amāmī...

وكانت هناك تلك الطفلة، لا يتجاوز عمرها عشرَ
سنوات... كانَ في شعرها شريطٌ أبيض...
Wa kānat hunāka tilka aṭ-ṭiflah, lā yatajawwazu ʿumruhā ʿashra sanawāt... kāna fī shaʿrihā sharīṭun abyaḍ...

ابتسمتُ لها، حيّيتُها وسألتُها عن اسمها...
Ibtasamtu lahā, ḥayyaytuhā wa saʾaltuhā ʿan ismihā...

لم تُجبني، لكنها ابتسمت بخجلٍ في المقابل...
Lam tujibnī, lākinnahā ibtasamat bi-khajalin fī al-muqābil...

ثم جاء ذلك الصوتُ الخافتُ الرهيب، الذي
يبدو كأنه يقتلعك من عالمِ الأحياء...
Thumma jāʾa dhālika aṣ-ṣawtu al-khāfitu ar-rahību, allaḏī yabdū ka-annahu yaqtaliʿuka min ʿālam al-aḥyāʾ...

صوتُ الانفجار الذي لا يفارقني نهارًا ولا ليلًا...
Ṣawtu al-infijār allaḏī lā yufāriqunī nahāran wa lā laylan...

وحين أفيق، لا أسمع شيئًا، لكنني أتصوّر صرخاتِ الرعبِ والألم...
Wa ḥīna afīq, lā asmaʿu shayʾan, lākinnī ataṣawwar ṣarakhāta ar-ruʿbi wa al-alam...

فيلمُ رعبٍ صامتٌ يُعرض أمامي.
Fīlmu ruʿbin ṣāmitun yuʿraḍu amāmī.

أنهض بصعوبة... قميصي مغطى بالدم...
Anhaḍu bisuʿūbah... qamīṣī mughṭaṭṭan bid-dam...

هل أُصبت؟ لا يهم، أين الطفلة؟
Hal uṣibtu? Lā yuhimm, ayna aṭ-ṭiflah?

يجب أن أجدها بسرعة، أن أُنقذها...
Yajibu an ajidahā bisurʿah, an unqidhahā...

الإرهاب لا يضرب الأطفال...
Al-irhābu lā yaḍribu al-aṭfāl...

الله لا يسمح بذلك...
Allāhu lā yasmaḥu bi-dhālik...

دماء، وأشلاء، وأجسادٌ كانت حارّةً فإذا بها
فجأةً خاليةٌ من الحياة، في كل مكان...
Dimāʾun, wa ashlāʾun, wa ajsādun kānat ḥārratan fa-idhā bihā fajʾatan khāliyatan mina al-ḥayāh, fī kulli makān...

لكن أين هي؟
Lākin ayna hiya?

وجدتُها أخيراً قرب حفرةٍ كبيرة،
Wajadtu-hā akhīran qarība ḥufratin kabīrah,

يدُها اليمنى فوق اليسرى، على بطنها.
Yaduhā al-yumnā fawqa al-yusrā, ʿalā baṭnihā.

لم يعد قلبُها ينبض،
Lam yaʿud qalbuhā yanbiḍ,

لكن جسدَها، على نحو غريب، بقي شبه سليم.
Lākinn jismuhā, ʿalā naḥwin gharībin, baqiya shibh salīm.

حملتها بين ذراعيّ.
Ḥamaltuhā bayna dhirāʿayya.

وسقط الشريط الأبيض من شعرها على الأرض.
Wa saqaṭa ash-sharīṭu al-abyaḍu min shaʿrihā ʿalā al-arḍ.

عندها رأيتُ دمعةً كبيرةً
ʿIndahā raʾaytu damaʿatan kabīratan

كأنها مجمّدةٌ على خدّها.
Ka-annahā mujammadatun ʿalā khaddiha.

#39

La confrontation avec la mort
a été brutale, sans détour.
À Managua, elle se vit autrement,
dans un dernier geste d'amour.

Donne-moi un dernier baiser d'amour

#36

La larme appelle parfois
une prière. À Gaza, elle
devient chant pour les
enfants de la guerre.

Aux enfants de la guerre

#3

Après l'horreur, le corps cherche à retrouver son rythme. Au bord de la mer Rouge, Hurghada ouvre un espace de silence et de paix.

Bonne nuit Leila

#53

Quand plus rien ne saurait faire peur, même le pouvoir absolu peut être affronté. Moscou s'impose.

Staline au McDonald's

Le dernier combat

La foule qui hurle...
Deux coqs qui se déchirent
dans un cercle de poussière...
Du sang sur le sol et
sur leurs plumes...
Les hommes qui tapent du pied.
Les femmes qui crient.
Les billets qui passent
de main en main.
Le soleil qui cogne sur les tôles.
La poussière qui danse.
L'air qui brûle...

Soudain, un cri derrière moi.
« Maman ! »
Je me retourne,
une femme vient de s'effondrer.
Autour d'elle, personne ne bouge,
le combat continue,
les cris montent encore et encore.
Je cours, je m'agenouille.
Son visage est gris,
ses yeux figés,
pas de souffle, pas de pouls.

Je commence un
massage cardiaque.
Entre deux souffles de
bouche à bouche
j'hurle à l'aide,
mais le vacarme couvre ma voix.
Je transpire de tout mon être
pour ramener ce corps
mort chez les vivants,
et murmure la chanson
Staying Alive
pour garder le rythme.

Et soudain, une
ultime clameur :
le combat des coqs
a dû s'achever.
Alors seulement, des
personnes nous remarquent
et finissent par
accourir vers nous.
Un médecin s'approche,
pose deux doigts sur le
cou de la vieille femme,
secoue la tête sans un mot.

La jeune fille me serre
dans ses bras.
Elle dit tristement :
« Merci. »
Puis s'élance
derrière le brancard qui
emporte sa maman.

Toujours à genoux
sur la place devenue
soudain silencieuse,
je ramasse machinalement
sur le sol
le *lamba* coloré de la
vieille femme resté là
et j'entends un autre homme
qui pleure près de moi.
Je me relève
et mon regard plein de
larmes croise le sien.
Il tient dans ses bras
un coq magnifique qui agonise.

Pleurions-nous à cet instant
le malheur des autres
ou notre impuissance ?
Je ne saurais le dire.

#57

Toujours à genoux, le regard levé vers le ciel, certaines questions restent sans réponse. Sous les étoiles du pays dogon, au Mali, elles prennent une autre forme.

Sous le ciel Dogon

#8

Envie de retrouver la foule mais cette fois dans le partage et la joie ? Le marché d'Oaxaca vous attend au Mexique.

Le marché du bonheur

#66

Quand un coq chante à l'aube, il annonce parfois un recommencement. Écoutez-le à Tbilissi, en Géorgie.

Quand le soleil se lève

Cette page est la vôtre. Vous pouvez par exemple figer un moment suspendu : un lieu, une émotion, un mot entendu ici ou ailleurs, une photo, un dessin...

RÊVER *éveillé*

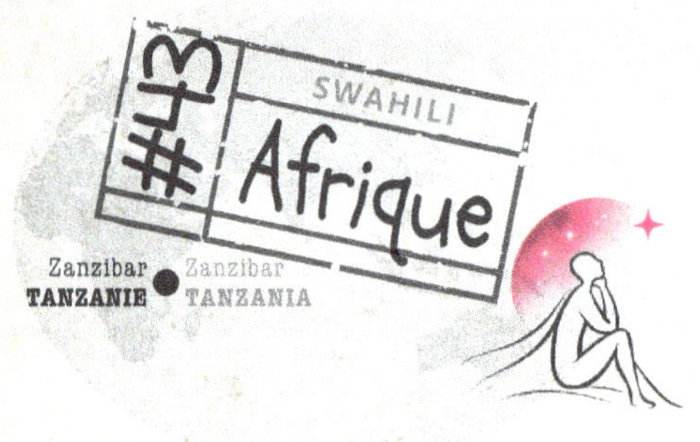

Épices et merveilles

[Traduction française]

Écrasé de chaleur et accablé de fatigue,
Au plus profond du souk, je me suis engouffré,
À la recherche d'un peu d'ombre
et de présence humaine,
À la recherche d'histoires cachées
derrière les portes sculptées.

Dans ce dédale où les ruelles
semblent toutes les mêmes,
Mais où aucune ne l'est vraiment,
Mohamed a soulevé un grand tapis cousu de fils d'or,
Et il m'a guidé à travers mille et un passages secrets.

Les lampes de cuivre suspendues se
berçaient au rythme des voix,
Des voix de mille langues mêlées dans l'air moite.
La négociation battait son plein, cent
bras venus de partout m'agrippaient,
Déjà un hirizi en argent à mon cou pendait.
Mais cette petite boîte qu'on disait mille fois
millénaire, où donc est-elle passée ?

Et tout l'or du monde n'était rien,
Comparé à cet étal fait de cônes d'épices géants,
De grains minuscules aux couleurs
et parfums enivrants,
Richesses de savoir vivre, de paix et de bonheur.

Un souffle léger glissa dans le souk.
Les épices se soulevèrent comme
des voiles dans l'éclat du jour :
Poudre de curcuma, éclats de
cannelle, nuages de safran.
Elles dansaient lentement, portées vers la mer,
Et sur les murs de corail, elles
laissèrent un reflet doré.
La mer, tout au bout des ruelles,
ondulait au même rythme,
Lourde et bleue comme une promesse oubliée.
Je fermai les yeux. Un parfum de
clous de girofle resta dans l'air,
Comme si le vent, avant de partir,
avait voulu sceller le souvenir.

Au petit matin, le soleil a entrouvert
mes paupières de sa lumière dorée,
L'appel à la prière flottait encore
dans le matin salé,
Je ne savais plus où j'étais mais peu importait :
J'avais vu le bonheur de mes yeux,
Et gardé un peu de poudre de safran sur mon nez.

Viungo na Maajabu

Nikiwa nimechoka kwa jua na uzito wa siku,
Nilijikuta nikizama ndani ya soko kuu,
Nikatafuta kivuli kidogo, nikasikiliza sauti za watu,
Nikitafuta hadithi zilizofichwa nyuma
ya milango ya mbao iliyochongwa.

Katika msitu huu wa mitaa finyu,
Ambayo inaonekana kufanana,
lakini hakuna iliyo sawa,
Mohamed alinyoosha mkeka uliofumwa
kwa nyuzi za dhahabu,
Akaniongoza kupitia njia elfu na moja za siri.

Taa za shaba ziliyining'inia zikitikisika
kwa midundo ya sauti,
Sauti za lugha elfu zikichanganyika
hewani penye unyevunyevu.
Biashara iliwaka moto, mikono mia
ikinishika kutoka kila upande,
Tayari hirizi ya fedha ilikuwa shingoni mwangu.
Lakini kile kisanduku kidogo walichosema kina
umri wa maelfu ya maelfu ya miaka, kiko wapi?

Dhahabu yote duniani haikuwa na thamani,
Kama meza hii ya milima ya viungo,
Chembe ndogo ndogo zenye rangi
na harufu za kufutia,
Utajiri wa kuishi vizuri, kwa amani, kwa furaha.

Upepo mwororo ulipita sokoni.
Viungo vilinyanyuka kama matanga
kwenye mwanga wa siku:
Poda ya manjano, vipande vya
mdalasini, mawingu ya zafarani.
Vilicheza taratibu, vikielekea baharini,
Na kwenye kuta za matumbawe
viliacha mwanga wa dhahabu.
Bahari, mwisho wa mitaa, ilipumua
kwa mdundo uleule,
Nzito na ya buluu kama ahadi iliyosahaulika.
Nikafumba macho. Harufu ya
karafuu ilibaki hewani,
Kana kwamba upepo, kabla haujaondoka,
ulihitaji kufunga kumbukumbu.

Asubuhi, jua lilifungua kope zangu
kwa mwanga wake wa dhahabu,
Mwito wa sala ulielea bado katika
asubuhi yenye chumvi,
Sikujua nilipo, lakini haikuwa na maana:
Nilikuwa nimegusa ukweli wa furaha,
Na nikabaki na unga wa zafarani puani mwangu.

#55
Le vent salé de Zanzibar peut encore vous porter plus loin. Traversez l'Afrique jusqu'à Essaouira, sur la côte marocaine.

Les petites vagues d'Essaouira

#6
Le soleil du matin vous a laissé un sourire au visage ? Changez de latitude et laissez-le durer à Iakoutsk, en Russie.

Dessine-moi un sourire

#28
Le jour commence vraiment autour d'un café. Paris vous attend.

Au café du monde

#45
Si le goût du mystère persiste, masques et interdits vous attendent à Venise, en Italie.

Le masque de Venise

Donnez-moi une minute pour refaire le monde

[Traduction française]

Après le cinquième verre de vodka, nous commençons à parler des vraies choses.
Et tentons de résoudre la question la plus importante :
« Comment reconnaître une grand-mère-papillon si elle n'a pas de nœud papillon ?
Et vive la reine d'Angleterre ! »

Voilà, la deuxième bouteille est finie.
Mais je peux encore m'entendre parler distinctement
alors je lance un brillant monologue sur la façon dont moi, Christophe Jakovitch Perreault,
si j'étais Président,
j'accorderais le droit de vote à toutes (oui, toutes !) les vaches du continent africain.

« Allons bon, vas-y l'ami, buvons à un monde meilleur ! »
Il semble que nous soyons tombés d'accord :
chaque habitant de Saint-Pétersbourg devrait avoir chez lui, dans sa salle de bain,
un couple de dauphins.
Ainsi, espérons-le, ils pourront se reproduire.

Mon Dieu, tout bouge dans la datcha, les murs, les meubles, l'air lui-même.
Allez, un dernier verre !
Heureusement, demain matin, on sentira encore le concombre et la vodka.
Alors, peut-être, nous nous souviendrons
comme nous avons réussi, l'espace d'une minute, à refaire un monde meilleur.

Дайте мне минутку, чтобы переделать мир

Dayte mnye minutku, chtoby peredelyat' mir [Translittération]

После пятого стакана водки мы начинаем говорить о серьёзных вещах.
Posle pyatogo stakana vodki my nachinayem govorit' o seryoznykh veshchakh.
И спорим о самом важном вопросе:
I sporim o samom vazhnom voprose:
« Как узнать бабушку-бабочку, если у неё бабочки нет?
« Kak uznat' babushku-babochku, yesli u neyo babochki net?
И да здравствует королева Великобритании! »
I da zdravstvuyet koroleva Velikobritanii! »

Вот и вторая бутылка ушла.
Vot i vtoraya butylka ushla.
Но я всё ещё слышу себя ясно,
No ya vsyo yeshchyo slyshu sebya yasno,
поэтому начинаю блестящий монолог о том,
poetomu nachinayu blestyashchiy monolog o tom,
как я, Кристоф Жакович Перро, будь я президентом,
kak ya, Kristof Zhakovich Perro, bud' ya prezidentom,
отдал бы право голоса всем (да, всем!) коровам африканского континента.
otdal by pravo golosa vsem (da, vsem!) korovam afrikanskogo kontinenta.

« Ах, ладно, парень, за лучший мир! »
« Akh, ladno, paren', za luchshiy mir! »
Кажется, мы решили, что каждый петербуржец
Kazhetsya, my reshili, chto kazhdyy peterburzhets
должен держать пару дельфинов дома, в своей бане.
dolzhen derzhat' paru del'finov doma, v svoyey bane.
Так, будем надеяться, что они размножатся.
Tak, budem nadeyat'sya, chto oni razmnozhatsya.

Господи, всё движется на даче: и стены, и мебель, и воздух.
Gospodi, vsyo dvizhetsya na dache: i steny, i mebel', i vozdukh.
Давайте последний стакан!
Davayte posledniy stakan!
Хорошо хоть, что утром опять запахнет огурцами и водкой.

Khorosho khot', chto utrom opyat' zapakhnet ogurtsami i vodkoy.
Может, хоть тогда вспомним,
Mozhet, khot' togda vspomnim,
как нам удалось на минуту переделать лучший мир.
kak nam udalos' na minutu peredelyat' luchshiy mir.

президентом...

#50

Si ce jeu de sons et de sens vous entraîne encore, prolongez le surréalisme à l'ombre de Gaudí, à Barcelone.

Les perroquets de Barcelone

#63

Refaire le monde donne parfois envie de maîtriser le temps. Cap sur le lac Titicaca, entre Pérou et Bolivie.

L'enfant du lac Titicaca

#67

Quand l'ivresse des mots appelle l'eau et le silence, laissez-les se dissoudre dans l'immensité de l'océan.

La planète bleue

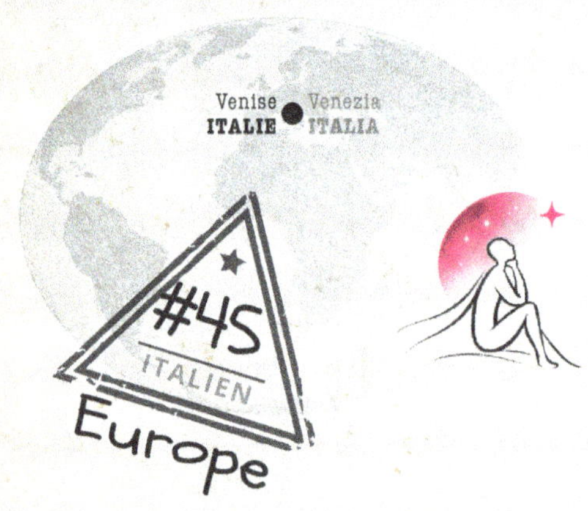

Le masque de Venise

[Traduction française]

Je marche dans Venise.
Les ponts et les canaux se succèdent,
les gondoles glissent en silence.
Les façades semblent flotter sur l'eau,
comme si la pierre ne voulait pas se figer.
La ville inspire puis expire à chaque vague qui passe.
J'avance sans but, dérivant au hasard.
Un souffle guide mes pas jusqu'à l'église
San Sebastiano et m'invite à entrer.

À l'intérieur, la lumière semble respirer.
Elle coule doucement sur le marbre nacré,
faisant frémir les visages des saints.
Il n'y a personne, seulement le murmure
de l'eau sous les dalles.
En avançant vers l'autel, je remarque une
niche latérale, à moitié cachée, où trône un
masque posé sur un vieux coussin patiné.
Un masque ancien, doré, à demi écaillé.
Machinalement, je le mets sur mon visage
et ferme les yeux une seconde.
Quand je les rouvre, tout est différent.

Je suis dehors mais Venise a changé de siècle.
Le ciel est plus bas, le soleil plus
brillant, les parfums plus forts.
Je regarde mes mains : elles portent des
bagues, ma chemise est de soie.
Les passants me saluent, les femmes me regardent
avec un sourire que je n'avais jamais reçu.
Je sens dans mon corps une
assurance neuve, brûlante.
Une légèreté insolente.
Une intelligence fluide.
Je parle, je ris, je charme sans effort.
Tout craque, tout cède.
Les portes s'ouvrent, les visages s'inclinent.
Je vis dans une ivresse tranquille, celle de
celui qui n'a plus besoin de désirer.
Le plaisir vient à moi avant même que je le cherche.

Se i piaceri sono fugaci,
anche i dolori lo sono

La nuit tombe et Venise se drape
d'une brume mystique.
Me voilà dans un somptueux palais, illuminé de
mille bougies dont la cire coule comme du miel.
Autour de moi, les plus belles
femmes de Venise et du monde.
Des comtesses, des danseuses, des
courtisanes, des filles du peuple.
Toutes rient, toutes me veulent.
La musique s'enroule autour des rires, les
voix se mêlent, montent, se répondent.
Le souffle du désir traverse la salle,
la fête rêvée prend forme.

Je me déshabille.
Je pose mon masque sur un fauteuil de velours pourpre.
Un autre homme s'en empare immédiatement.
Je lui arrache des mains et reconnais aussitôt Casanova.
Je remets le masque mais il est trop tard.
Je suis déjà transparent.
Les femmes qui accourent ne voient plus que lui.

La fête est finie, le silence retombe.
Je marche seul jusqu'au Grand Canal.
Je tiens le masque dans mes mains.
Je le jette dans l'eau.
Il flotte un instant, puis s'éloigne, tournoyant lentement.
Au dos, une phrase gravée se devine à peine :
Si les plaisirs sont passagers, les peines le sont aussi.

Je souris.
Le soleil se lève.
Venise s'étire dans la lumière,
indifférente à mes pensées.
Et je reprends ma marche, plus heureux sans doute
d'avoir rêvé ce moment que de l'avoir vécu.

La maschera di Venezia

Cammino per Venezia.
I ponti e i canali si susseguono, le gondole scorrono in silenzio.
Le facciate sembrano galleggiare sull'acqua, come
se la pietra non volesse mai fermarsi.
La città inspira, poi espira, a ogni onda che passa piano.
Avanzo senza meta, trascinato dal caso e dal respiro del destino.
Un soffio guida i miei passi verso la chiesa di
San Sebastiano e mi invita ad entrare in silenzio.

All'interno, la luce sembra respirare.
Scivola sul marmo madreperla, facendo fremere
i volti dei santi in un lento respiro.
Non c'è nessuno, solo il mormorio dell'acqua
sotto il pavimento antico.
Avanzando verso l'altare, scopro una nicchia laterale,
mezza nascosta, dove troneggia una maschera
posata su un vecchio cuscino consunto e dorato.
Una maschera antica, dorata, a metà screpolata.
D'istinto la porto al viso, chiudo gli occhi un istante.
Quando li riapro, tutto è diverso, tutto vibra lento.

Sono all'aperto, ma Venezia ha cambiato secolo.
Il cielo è più basso, il sole più brillante, i profumi più intensi.
Guardo le mie mani: portano anelli, la camicia è di seta.
I passanti mi salutano, le donne mi guardano
con un sorriso che non avevo mai visto.
Sento nel corpo un calore nuovo, ardente.
Una leggerezza insolente.
Un'intelligenza fluida come il vino.
Parlo, rido, seduco senza sforzo.
Tutto si apre, tutto cede piano.
Le porte si schiudono, i volti si inchinano.
Vivo un'ebbrezza tranquilla, quella di chi
non ha più bisogno di desiderio.
Il piacere viene a me prima ancora che io lo cerchi davvero.

Scende la notte, e Venezia si avvolge di una nebbia mistica.
Eccomi in un sontuoso palazzo, illuminato da mille
candele la cui cera scorre come miele sul pavimento.
Attorno a me, le donne più belle di Venezia e del mondo intero.
Contesse, danzatrici, cortigiane, figlie del popolo.
Tutte ridono, tutte mi vogliono.
La musica si intreccia alle risa, le voci si
fondono, salgono, si rispondono.
Un soffio di desiderio attraversa la sala,
la festa dei sogni prende corpo piano.

Mi spoglio.
Poso la maschera su una poltrona di velluto porpora.
Un altro uomo la afferra subito.
Gliela strappo dalle mani e riconosco Casanova.
La rimetto, ma è troppo tardi.
Sono già trasparente.
Le donne che accorrono non vedono più me,
ma solo lui: il mito, il riflesso, il desiderio.

La festa è finita, il silenzio cade lento.
Cammino solo fino al Canal Grande.
Tengo la maschera tra le mani.
La getto nell'acqua.
Galleggia un istante, poi si allontana, ruotando piano.
Sul retro, un'incisione si indovina appena:
Se i piaceri sono fugaci, anche i dolori lo sono.

Sorrido.
Il sole si alza.
Venezia si allunga nella luce, indifferente ai miei pensieri.
E riprendo a camminare, più felice forse d'aver sognato
quell'istante che non d'averlo vissuto davvero.

#31
L'imagination vous manque déjà ? Laissez la s'embraser devant un feu gigantesque à Haida Gwaii, dans l'Ouest du Canada.
La flamme éternelle

#34
Si une solitude douce s'installe à présent, le chemin se prolonge au Royaume-Uni.
La petite saucisse de Mrs Twick

#28
Pour prolonger la rêverie, un café à la main, installez-vous à une terrasse de Paris.
Au café du monde

New York ● New York City
ÉTATS-UNIS D'AMÉRIQUE ● UNITED STATES OF AMERICA

Les cyprès de New York

[Traduction française]

Alors que je traversais en hâte une nouvelle galerie du Met de New York,
Je sentis soudain une violente décharge électrique dans mon cerveau.
Un jaillissement inattendu d'émotions et de couleurs m'avait traversé,
Atteignant mon cœur, atteignant mon âme.

Me retournant aussitôt pour faire face à l'assaillant,
Je ne trouvai pas le tireur pervers que j'imaginais,
Mais plutôt deux cyprès qui me faisaient signe,
Au-delà du cadre dans lequel ils avaient élu résidence.

M'avançant sur la pointe des pieds vers cet étrange agresseur,
Aveuglé par un soleil éclatant et transi par le Mistral qui soudain se mit à souffler,
Je ne pus m'empêcher de sentir l'odeur des herbes fraîches de Provence,
Tandis que mes oreilles vibraient déjà des interminables balades des grillons gitans.

Que s'est-il passé ensuite ? Eh bien, je ne saurais le dire.
Mais je me souviens que, cette nuit-là, tout Manhattan dansait comme par folie,
Et que j'ai même vu la Statue de la Liberté flirter un instant avec l'Empire State,
Alors que je me baignais avec les dauphins sous le pont de Brooklyn.

The Cypresses of New York

As I was rushing through another gallery of the Met in New York,
I suddenly felt a violent electric shock in my brain,
An unexpected burst of emotions and colors had been shot into me,
Reaching my heart, reaching my soul.

Instantly turning back to face the attacker,
I did not find the deranged sniper that I was expecting,
But rather two cypresses that were waving at me
Beyond the frame in which they had taken residence.

Now that I was walking on tiptoes closer to this odd aggressor,
Blinded by a dazzling sun and frozen by the Mistral air suddenly blowing,
I could not help but smell the fresh herbs of Provence,
While my ears were already full of the endless ballads of Gypsy crickets.

What happened next? Man, I can't say,
But I remember that this night, the whole Manhattan was dancing like crazy,
And I even saw the Statue of Liberty flirting for a moment with the Empire State
As I was bathing with the dolphins under the Brooklyn bridge.

#45

Quand l'art bascule dans le masque et le plaisir, Venise ouvre une autre scène du fantastique.

Le masque de Venise

#72

Après la fièvre urbaine, le regard peut chercher l'air rare et les grands horizons. Le chemin s'élève vers Verbier, en Suisse.

Face à la montagne

#71

Des cyprès aux forêts primaires, les arbres continuent de parler. Partez à Manaus, au cœur de l'Amazonie.

Ne touche pas à mon arbre

#44

Si l'envie vous prend de repeindre le monde sans attendre, un verre suffit parfois à Saint-Pétersbourg.

Donnez-moi une minute pour refaire le monde

Le réveil de l'armée de terre cuite

[Traduction française]

Depuis deux mille ans, je garde la même position.
Mais sous la terre, le temps n'existe plus.

J'étais cavalier de Qin Shi Huangdi, le Premier Empereur.
Celui qui fit tracer les routes, ériger la Grande Muraille,
unifier les mesures, la monnaie et l'écriture,
et bâtir un empire à l'image de son rêve : immense et indestructible.

Quand il a fermé les yeux, il nous a gardés près de lui,
huit mille guerriers tournés vers l'Est, prêts à le servir encore.

La terre nous a recouverts,
avec les ouvriers et les artisans qu'on fit taire à jamais,
pour que le secret du tombeau ne voie jamais la lumière.

Puis un jour, cette lumière est revenue.
Des mains étrangères ont dégagé nos visages,
et leurs yeux ont tremblé devant nos regards figés.

Ils disent que nous sommes faits d'argile.
Mais je sens toujours sous moi le souffle de mon cheval,
et mes doigts qui sont prêts à lâcher la corde de l'arbalète.

Un seul mot de sa part,
et nous nous remettrons tous en route. Car même dans la mort, nous lui obéissons encore.

Gloire… Histoire… Tragédie…
ne sont-ils pas, comme nous et lui, à jamais inséparables ?

荣耀历史悲劇

兵马俑的苏醒

Bīngmǎyǒng de Sūxǐng [Translittération]

两千年来，我一直保持着同样的姿势。
Liǎng qiān nián lái, wǒ yīzhí bǎochí zhe tóngyàng de zīshì.
但在地下，时间已不复存在。
Dàn zài dìxià, shíjiān yǐ bù fù cúnzài.

我是秦始皇的骑士，
Wǒ shì Qín Shǐ Huáng de qíshì,
那位修筑大道、建造长城、
nà wèi xiūzhù dàdào, jiànzào Chángchéng,
统一度量衡、货币与文字的始皇帝，
tǒngyī dùliànghéng, huòbì yǔ wénzì de Shǐ Huángdì,
以他无边的梦想为蓝图，
yǐ tā wúbiān de mèngxiǎng wéi lán tú,
铸造出一个宏伟而不可摧毁的帝国。
zhùzào chū yīgè hóngwěi ér bùkě cuīhuǐ de dìguó.

当他闭上眼睛时，
Dāng tā bì shàng yǎnjīng shí,
他让我们陪伴在他身边，
tā ràng wǒmen péibàn zài tā shēnbiān,
八千名战士，面朝东方，准备再次为他效力。
bā qiān míng zhànshì, miàn cháo dōngfāng, zhǔnbèi zài cì wèi tā xiàolì.

大地掩埋了我们，
Dàdì yǎnmái le wǒmen,
连同那些工匠与劳作之人，
lián tóng nàxiē gōngjiàng yǔ láozuò zhī rén,
他们被永远封口，
tāmen bèi yǒngyuǎn fēngkǒu,
只为让陵墓的秘密不见天日。
zhǐ wèi ràng língmù de mìmì bú jiàn tiānrì.

直到有一天，那道光再次归来。
Zhídào yǒu yītiān, nà dào guāng zài cì guīlái.
陌生的双手拂去我们脸上的尘土，
Mòshēng de shuāngshǒu fú qù wǒmen liǎn shàng de chéntǔ,
他们的目光在我们的凝视中颤抖。
tāmen de mùguāng zài wǒmen de níngshì zhōng chàndǒu.
他们说，我们只是泥土。
Tāmen shuō, wǒmen zhǐshì ní tǔ.

可我仍能感觉到马儿在我身下呼吸的热气，
Kě wǒ réng néng gǎnjué dào mǎ ér zài wǒ shēnxià hūxī de rèqì,
我的手指正准备松开弩弦。
wǒ de shǒuzhǐ zhèng zhǔnbèi sōngkāi nǔ xián.

只要他的一句话，
Zhǐ yào tā de yījù huà,
我们便会重新启程。即使在死亡中，我们仍然服从他。
wǒmen biàn huì chóngxīn qǐchéng. Jíshǐ zài sǐwáng zhōng, wǒmen réngrán fúcóng tā.

荣耀……历史……悲剧……
Róngyào... lìshǐ... bēijù...
难道不是如我们与他一样，密不可分吗？
nándào bú shì rú wǒmen yǔ tā yīyàng, mì bù kě fēn ma?

#51

La statue a pris la parole. D'autres objets ont aussi une mémoire à révéler : écoutez-les à Yamoussoukro, en Côte d'Ivoire.

Écoute, écoute

#58

Quitter la Chine ancienne pour la Chine moderne ? Shanghai vous attend, dans sa vie trépidante.

Le lampion de Shanghai

#36

Face au bruit des armes, l'appel de la paix résonne depuis Gaza, en Palestine.

Aux enfants de la guerre

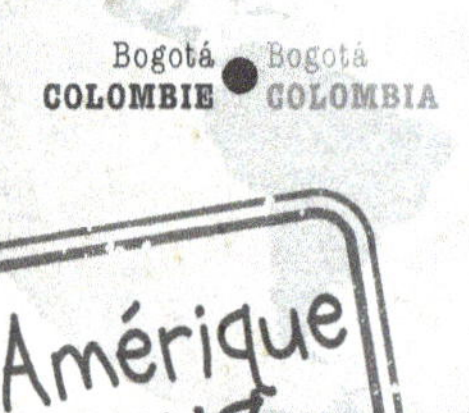

Quelle chaleur dans ce froid !

Je suis si fatigué de me reposer !
À présent, j'entends ce qui est inaudible,
Je vois ce qui est invisible.
Hier, j'attendais dans mes espérances,
Demain, peut-être renoncerai-je à la renonciation...

Dans cette ville où le soleil grelotte de froid,
J'ai si froid d'avoir pris le soleil,
J'ai tant dormi que je ne sais plus si je suis éveillé,
J'ai survécu à plusieurs morts,
J'ai vu tant de choses mais je ne sais qu'une chose : que je ne sais rien.

Ma seule certitude est l'incertitude.
Voyons... qu'est-ce que le surréalisme, sans le réalisme ?

#70
Après tant de paradoxes, le besoin de chaleur peut devenir réel. Le Sahara oriental s'offre à vous.
Le son de la pluie

#61
Si, au contraire, le froid appelle, cap sur la Sibérie, à Omsk.
La Sibérie du hockey

#50
Quand le surréalisme n'a pas dit son dernier mot, Barcelone le fait encore parler avec ses perroquets
Les perroquets de Barcelone

¡Qué calor en este frío!

¡Estoy tan cansado de descansar!
Ahora, oigo lo inaudible,
Veo lo invisible.
Ayer, esperaba yo mis esperanzas,
Mañana - tal vez renuncie yo a la renuncia...

En esta ciudad donde el sol tiembla de frío,
Tengo tanto frío de haberme tomado el sol,
He dormido tanto que ya no sé si estoy despierto,
He sobrevivido a varias muertes,
Vi tantas cosas, pero sólo sé que no sé nada.

Mi única certeza es la incertidumbre.
A ver, ¿qué sería el surrealismo sin el realismo?

Naître dans l'espace

[Traduction française]

Je suis le premier humain né dans l'espace.
Vingt ans à dériver de galaxie en galaxie,
et voici que j'approche enfin
celle qu'on appelle la planète bleue.

Ses images m'ont fasciné,
ses histoires ont bercé mes rêves d'enfant.
Après tant de mondes de glace et de silence,
je pleure à chaudes larmes
en la voyant apparaître devant moi.

Une perle suspendue dans le noir,
si fragile qu'un souffle pourrait la briser.
Et pourtant, elle brûle d'une lumière rare :
celle du vivant.

Je reste muet devant tant de beauté.
Par quel miracle,
au milieu de ce désert de matière morte,
cela est-il possible ?

Mon cœur s'emballe
comme si mes cellules se reconnectaient.
Je voudrais vivre assez longtemps
pour écouter chaque voix,
respirer l'air salé de la mer,
sentir sur ma peau le vent des rivages.

Et puis serrer chacun, chacune,
leur baiser le front,
leur dire que la vie est un don fragile et tenace,
qui défie le vide
et qu'il nous revient, à tous,
de la préserver.

在太空中诞生

Zài tàikōng zhōng dànshēng [Translittération]

我是第一个在太空中诞生的人。
Wǒ shì dì yī gè zài tàikōng zhōng dànshēng de rén.

在茫茫宇宙中漂流了二十年，
Zài mángmáng yǔzhòu zhōng piāoliú le èrshí nián,
我终于靠近了那颗被称为“蓝色星球”的地方。
wǒ zhōngyú kàojìn le nà kē bèi chēng wéi “lánsè xīngqiú” de dìfāng.

她的影像曾令我着迷，
Tā de yǐngxiàng céng lìng wǒ zháomí,
关于她的故事伴我入梦。
guānyú tā de gùshì bàn wǒ rù mèng.
在经历了无数冰冷与寂静的世界之后，
Zài jīnglì le wúshù bīnglěng yǔ jìjìng de shìjiè zhīhòu,
当她出现在我眼前时，
dāng tā chūxiàn zài wǒ yǎnqián shí,
我泪流满面。
wǒ lèiliú mǎnmiàn.

一颗悬在黑暗中的珍珠，
Yī kē xuán zài hēi'àn zhōng de zhēnzhū,
脆弱得似乎一口气就能将她吹碎，
cuìruò dé sìhū yī kǒuqì jiù néng jiāng tā chuī suì,
然而她依然闪耀着罕见的光，
rán'ér tā yīrán shǎnyào zhe hǎnjiàn de guāng,
那是生命的光。
nà shì shēngmìng de guāng.

我在这份美丽前无言以对。
Wǒ zài zhè fèn měilì qián wúyán yǐ duì.
在这片死寂的物质荒原中，
Zài zhè piàn sǐjì de wùzhí huāngyuán zhōng,
这一切竟然可能，
zhè yīqiè jìngrán kěnéng,
这是怎样的奇迹？
zhè shì zěnyàng de qíjì?

我的心怦怦直跳，
Wǒ de xīn pēngpēng zhí tiào,
仿佛我的细胞重新连结在一起。
fǎngfú wǒ de xìbāo chóngxīn liánjié zài yīqǐ.
我多想能活得久一点，
Wǒ duō xiǎng néng huó dé jiǔ yīdiǎn,
去倾听每一个生命的声音，
qù qīngtīng měi yīgè shēngmìng de shēngyīn,
呼吸海风的咸气，
hūxī hǎifēng de xiánqì,
感受岸边的微风拂过皮肤。
gǎnshòu ànbiān de wēifēng fúguò pífū.

然后拥抱他们每一个人，
Ránhòu yōngbào tāmen měi yīgè rén,
轻吻他们的额头，
qīngwěn tāmen de étóu,
告诉他们：生命是脆弱而顽强的馈赠，
gàosù tāmen: shēngmìng shì cuìruò ér wánqiáng de kuìzèng,
它不断地向虚空挑战，
tā bùduàn de xiàng xūkōng tiǎozhàn,
而我们每一个人，
ér wǒmen měi yīgè rén,
都有责任去守护它。
dōu yǒu zérèn qù shǒuhù tā.

#72
Après l'espace, le corps cherche l'ancrage. La montagne vous attend à Verbier, en Suisse.
Face à la montagne

#55
Quand la chute se fait dans l'océan, les vagues peuvent ramener à la terre. Essaouira vous ouvre son rivage.
Les petites vagues d'Essaouira

#9
L'émerveillement cosmique peut aussi devenir déclaration. Au Bhoutan, l'amour prend de l'altitude.
Je t'aime

Les perroquets de Barcelone

[Traduction française]

En entrant dans le parc Güell, je sentis
une déflagration parcourir mon corps,
comme si l'air vibrait et que mes
yeux se remplissaient de lumière.
Soudain, mille voix chantaient et
bavardaient autour de moi.
Oui, aussi étrange que cela
paraisse, je pouvais comprendre
ce que disaient les animaux !

Les mosaïques brillaient comme
des écailles de poisson
et l'air sentait le sel et l'été.

Je m'approchai d'un grand crapaud gris
qui discutait avec un perroquet vert.
Le crapaud lui demanda d'un ton sec :
« Toi, le perroquet... tu n'es pas d'ici,
hein ? Qu'est-ce qui t'amène en ville ? »

Le perroquet répondit calmement,
d'une voix douce, comme une mélodie
chaude, remplie de soleil et de mer :
« Mes grands-parents ont vécu en Afrique
mais moi, je suis né ici, à Barcelone.
Mon père avait été capturé, vendu
comme animal de compagnie,
puis il s'est échappé.
C'est alors qu'il a rencontré ma mère
qui avait vécu la même histoire.
Et même si la vie n'est pas
toujours facile pour nous,
nous vivons libres, heureux...
et le climat nous va plutôt bien. »

« Je le savais ! grogna le crapaud.
Tu es un étranger !
Pourquoi ne retournes-tu pas en Afrique ?
Tu n'as rien à faire ici ! »

Surpris, le perroquet déploya ses ailes.
« Mais... je n'ai aucune idée d'où se
trouve l'Afrique, dit-il en hésitant.
Toute ma famille, mes amis et mes rêves sont ici.
Quand je vole au-dessus de la Sagrada
Familia et que je vois la mer sans fin,
je pleure de bonheur et cela me donne la
force de construire un monde meilleur. »

« Ça suffit ! cria le crapaud.
Tu ne sais pas à qui tu parles !
Et change donc de couleur :
ce vert te rend ridicule ! »

Je restai immobile, craignant qu'un seul
geste brusque ne brise ce miracle.
À cet instant, une nouvelle déflagration
traversa mon corps.
Je ne comprenais plus les animaux.
Je vis les perroquets verts voler d'arbre en arbre,
dansant dans l'air comme des étincelles de couleur.

Le parc resta silencieux un instant.
Alors je vis un énorme crapaud gris en pierre
et je ne pus m'empêcher d'éclater de rire
en remarquant une grosse tache verte sur sa tête...

Los papagayos de Barcelona

Al entrar en el parque Güell, sentí
una deflagración en mi cuerpo,
como si el aire vibrara y mis ojos se llenaran de luz.
De repente, mil voces cantaban y
charlaban a mi alrededor.
Sí, tan extraño como parece: ¡podía
entender lo que decían los animales!

Las baldosas brillaban como escamas de pez,
y el aire olía a sal y a verano.

Me acerqué a un gran sapo gris que
conversaba con un papagayo verde.
El sapo le preguntó, con tono seco:
«Tú, papagayo... de aquí no eres,
¿verdad? ¿Qué te trae a la ciudad?»

El papagayo respondió tranquilo,
con voz suave, como una melodía
cálida, llena de sol y de mar:
«Mis abuelos vivieron en África, pero
yo nací aquí, en Barcelona.
A mi padre lo vendieron como mascota: escapó.
Entonces conoció a mi madre, a quien
igual le pasó la misma historia.
Y aunque la vida no siempre es fácil para nosotros,
vivimos libres, felices... y el clima
aquí es bastante bueno.»

«¡Lo sabía! gruñó el sapo. ¡Eres un extranjero!
¿Por qué no te vuelves a África? ¡Aquí
no tienes nada que hacer!»

El papagayo, sorprendido, extendió sus alas.
«Pero no tengo ni idea de dónde
está África dijo, dudando.
Toda mi familia, mis amigos y mis sueños están aquí.
Cuando vuelo sobre la Sagrada
Familia y veo el mar sin límites,
lloro de felicidad, y eso me da fuerzas para
seguir construyendo un mundo mejor.»

«¡Basta ya! gritó el sapo.
¡No sabes con quién hablas!
Deberías cambiar de color, ¡ese verde te hace ridículo!»

Me quedé inmóvil, temiendo que un movimiento
brusco rompiera aquel milagro.
En ese instante, una nueva deflagración
recorrió mi cuerpo.
Ya no entendía a los animales.
Vi los papagayos verdes volando de árbol en árbol,
danzando en el aire como chispas de color.

El parque se quedó quieto por un instante.
Luego miré al colosal sapo gris de piedra,
y no pude contener la risa
al notar una gran mancha verde en su cabeza...

#64

Les couleurs du parc Güell vous emportent dans un tourbillon lointain, jusqu'en Polynésie française.

Couleurs

#71

Rester à l'écoute des animaux mais les pieds sur terre ? La forêt amazonienne vous attend à Manaus.

Ne touche pas à mon arbre

#47

Le fantastique peut aussi surgir des mémoires de l'Histoire. Direction Xi'an, en Chine.

Le réveil de l'armée de terre cuite

#19

Derrière les mots du perroquet affleure une autre réalité : celle des migrations et des inégalités. Kinshasa vous attend, en RDC.

Misère et petits fours

Écoute, écoute

Intro

Écoute…
Pas seulement les bruits du monde,
Mais ce qu'il dit quand il se tait.

Refrain

Dans ce monde de bruit, le silence fait peur,
Dans ce monde de fous, tout le monde est acteur,
J'apprends à écouter, j'apprends à me taire,
J'apprends à aimer, mon frère.

Couplet 1

Et j'ai vu,
Tous les objets autour de moi qui flottaient,
Je les ai entendus,
Me murmurer : *« Regarde mieux, toi qui passais… »*

Comme cette statue nue,
Princesse Baoulé aux traits tirés,
Yeux mi-clos, mains tendues,
Elle dansait pour rappeler aux vivants d'observer.

Dans son silence, j'ai cru comprendre
Que le monde oubliait d'attendre.

Refrain

Dans ce monde de bruit, le silence fait peur,
Dans ce monde de fous, tout le monde est acteur,
J'apprends à écouter, j'apprends à me taire,
J'apprends à aimer, mon frère.

Couplet 2
Et j'ai vu,
Un lapin sur un cheval d'argile,
Étrange et perdu,
Le regard doux, la crinière fragile.

Il m'a dit : « *Toi qui veux comprendre,*
Ne cours pas trop, laisse-toi surprendre.
Le monde va vite mais le cœur prend son temps,
Pour écouter les vivants. »

Pont
Alors j'ai vu que le vacarme
N'était qu'un cri de peur et d'armes.
Et j'ai trouvé dans la terre
Une paix simple, un souffle sincère.

Refrain final (avec chœurs)
Dans ce monde de bruit, le silence fait peur,
Dans ce monde de fous, tout le monde est acteur,
J'apprends à écouter, j'apprends à me taire,
J'apprends à aimer, mon frère.

(Chœurs)
Écoute, écoute, écoute, mon frère,
Le monde est fou mais l'amour est clair.
Écoute, écoute, écoute, ma sœur,
Le monde est lourd mais nos cœurs sont ouverts.

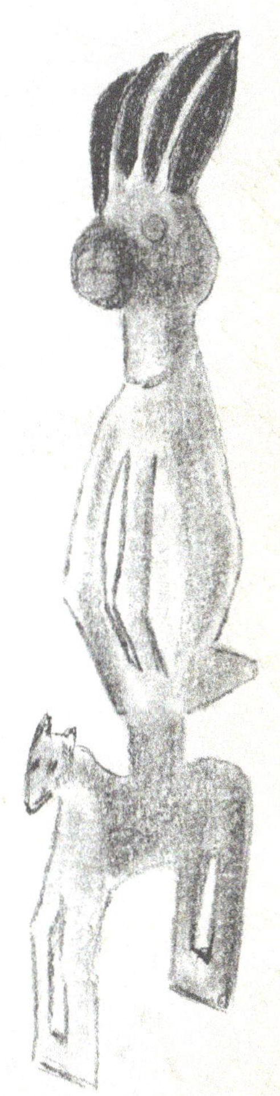

#52
Quand les objets semblent vous inviter à entrer en eux, laissez le temps se dilater à Kyoto.

Un jour sans fin

#59
Après le silence, une voix de père peut guider les pas. À Baie-Saint-Paul, au Québec, le froid parle aussi d'amour.

Demain sera frette

#21
Écouter, c'est parfois entendre une douleur que l'on ne voit pas. Buenos Aires vous attend.

À toi que nous ne voyons pas

雨と沈黙で包む

Un jour sans fin

[Traduction française]

Je suis un torii,
un portique rouge dressé sur la pente de la montagne.
Chaque matin, la lumière me traverse.
Je ne sais plus depuis quand je me tiens ici.
Les saisons me couvrent de poussière, de pluie et de silence.
Et pourtant, rien ne finit jamais.

Les pas montent sans cesse.
Des sandales de paille, des chaussures de cuir, des baskets d'enfants.
Leurs ombres glissent à mes pieds.
Certains prient, d'autres rient, d'autres encore photographient.
Je ne retiens pas leurs noms,
mais je me souviens de la forme de leurs mains,
de la lourdeur de leurs paupières, du son des prières,,
du souffle paisible et de la chaleur de leur gratitude.

Un jour d'été, le ciel avait la couleur d'un kaki mûr.
Un vieil homme et une vieille femme montaient, main dans la main.
Leurs yeux étaient clairs comme ceux d'un enfant.
Ils se sont arrêtés devant moi.
Derrière eux, deux enfants riaient en courant dans les graviers.

季節は私をほこり

L'homme a sorti deux oiseaux de papier de sa poche.
Les ailes d'origami ont frôlé le vent et pris vie.
Je les ai vus s'élever dans le ciel,
comme deux prières légères.

Le soleil poursuivait sa course,
mais la lumière restait la même :
orange, tiède, éternelle.
Depuis ce jour, j'attends le retour de ces pas.
Et ils reviennent, un peu différents, un peu semblables.
D'autres couples, d'autres rires, d'autres enfants.
Parfois, la montagne semble se replier sur elle-même.
La pluie s'arrête au milieu du ciel,
les cigales chantent à l'envers,
les ombres oublient où tomber.
Je me dis quc lc jour nc recommence pas, il hésite.
Il tremble, perdu dans une mémoire trop vaste.
Ici, le temps ne passe pas, il se perd.

Un autre enfant rira,
un autre oiseau de papier s'envolera.
Et moi, je me tiendrai encore là,
entre le monde des hommes et celui des dieux,
dans ce jour sans fin.

日の終わりなき日

[Translittération] Hi no owari naki hi

私は鳥居。
Watashi wa torii.
山の斜面に立つ、朱色の門。
Yama no shamen ni tatsu, shuiro no mon.
毎朝、光が私を通り抜けていく。
Maiasa, hikari ga watashi o tōrinukete iku.
いつからここに立っているのか、もう覚えていない。
Itsu kara koko ni tatsu no ka, mō oboete inai.
季節は私をほこりと雨と沈黙で包む。
Kisetsu wa watashi o hokori to ame to chinmoku de tsutsumu.
それでも、何も終わらない。
Soredemo, nani mo owaranai.

人々の足音が絶えず登ってくる。
Hitobito no ashioto ga taezu nobotte kuru.
藁の草履、革靴、子どものスニーカー。
Wara no zōri, kawagutsu, kodomo no sunīkā.
影が私の足もとを横切る。
Kage ga watashi no ashimoto o yokogiru.
祈る者、笑う者、写真を撮る者。
Inoru mono, warau mono, shashin o toru mono.
名前は覚えないが、手の形とまぶたの重さを覚えている。
Namae wa oboenai ga, te no katachi to mabuta no omosa o oboete iru.
合掌の音。
Gasshō no oto.
静かな息。
Shizuka na iki.
胸の奥の感謝のぬくもり。
Mune no oku no kansha no nukumori.

ある夏の日、空は熟れた柿の色をしていた。
Aru natsu no hi, sora wa ureta kaki no iro o shite ita.
年老いた男と女が手を取り、ゆっくりと登ってきた。
Toshi oita otoko to onna ga te o tori, yukkuri to nobotte kita.
彼らの目は、子どものように澄んでいた。
Karera no me wa, kodomo no yō ni suminde ita.
二人は私の前で立ち止まった。
Futari wa watashi no mae de tachidomatta.
その後ろで、二人の子どもが砂利を蹴って笑っていた。
Sono ushiro de, futari no kodomo ga jari o kette waratte ita.
男はポケットから二羽の紙の鳥を取り出した。
Otoko wa poketto kara niwa no kami no tori o toridashita.
折り紙の翼が風に触れ、ふわりと命を得た。
Origami no tsubasa ga kaze ni fure, fuwari to inochi o eta.
私はそれを見た。
Watashi wa sore o mita.
空へ、祈りのように、軽く昇っていった。
Sora e, inori no yō ni, karuku nobotte itta.

太陽は動き続けたが、光は変わらなかった。
Taiyō wa ugokitsuzuketa ga, hikari wa kawaranakatta.
橙色で、ぬるく、永遠のまま。
Daidaiiro de, nuruku, eien no mama.
あの日から、私はあの足音を待っている。
Ano hi kara, watashi wa ano ashioto o matte iru.
そして、彼らはまた来る。
Soshite, karera wa mata kuru.
少し違って、少し同じままで。
Sukoshi chigatte, sukoshi onaji mama de.
別の夫婦、別の笑い声、別の子ども。
Betsu no fūfu, betsu no waraigoe, betsu no kodomo.
時々、山が自分の中に折りたたまれるように感じる。
Tokidoki, yama ga jibun no naka ni oritatamareru yō ni kanjiru.
雨は空の途中で止まり、蝉は逆さに歌い出す。
Ame wa sora no tochū de tomari, semi wa sakasama ni utai dasu.
影はどちらへ倒れるかを忘れてしまう。
Kage wa dochira e taoreru ka o wasurete shimau.
私は思う。
Watashi wa omou.
日は繰り返さない。迷っているのだ。
Hi wa kurikaesanai. Mayotte iru no da.
記憶の隙間で、少し震えている。
Kioku no sukima de, sukoshi furuete iru.
ここでは、時間は進まない。迷子になる。
Koko de wa, jikan wa susumanai. Maigo ni naru.

また別の子どもが笑い、
Mata betsu no kodomo ga warai,
また別の紙の鳥が空へ舞い上がる。
mata betsu no kami no tori ga sora e maiagaru.
そして私は、ただここに立つ。
Soshite watashi wa, tada koko ni tatsu.
人の世界と神の世界のあいだに。
Hito no sekai to kami no sekai no aida ni.
終わりのないこの一日の中で。
Owari no nai kono ichinichi no naka de.

#42

Le rouge du torii vous hante soudain. Le pas vous entraîne vers Madagascar pour une lutte entre vie et mort.

Le dernier combat

#37

Le temps devient lourd, presque immobile. Faites halte en Nouvelle-Zélande.

Le silence après le haka

#65

Le calme s'installe, l'envie d'observer la nature vous appelle. Votre chemin mène à Chengdu.

Ton bonzaï en fleurs

#7

Pour suivre les rires d'enfants, partez pour Beijing.

Le cri des enfants

Было пятого марта в

Staline au McDonald's

[Traduction française]

C'était un cinq mars à Moscou.
Un vent froid sentait la friture et l'essence.
Je marchais sur la rue *Tverskaïa*.
Je suis entré dans un McDonald's.
J'ai commandé un cheeseburger.

Je me suis assis à une place libre, à côté
d'un homme qui engloutissait son Big Mac.
Ses moustaches étaient noyées dans le ketchup.
Il portait un jean et une casquette de baseball.

- Camarade Staline ! m'écriai-je.
Que faites-vous ici ?
- Chut, chut ! Comment m'avez-vous reconnu ?
- C'est simple : de grosses moustaches, une
odeur de formol et ce ketchup... comme
du sang autour de votre bouche.
- Bon, bon... Que voulez-vous ?

Je réfléchis quelques secondes
(pour tout dire, je n'étais pas vraiment
préparé à converser avec Staline...).

- Voulez-vous de la mayonnaise ?
- Non merci, je reste au ketchup.
- Vous avez changé, dis-je, plus moderne on
dirait... même si je vous conseillerais de troquer
vos bottes contre des chaussures plus légères.
- Je sais, je sais... mais les bottes, c'est sentimental.

- C'était agréable de discuter avec vous,
camarade Staline mais je dois déjà y aller.

Ah oui, encore une question :
pourquoi vous être comporté ainsi dans
votre vie passée : les innocents, les camps,
les meurtres, toutes ces horreurs... ?

Staline cessa de sucer sa frite, tourna lentement
la tête vers moi, me fixa dans les yeux et dit :
- Vous voyez, seule une maîtresse
insatiable que l'on appelle le pouvoir
aide à oublier le véritable amour.

Je sortis du McDonald's.
Dehors, ça sentait le printemps et l'essence.
Le soleil brillait de mille feux
mais un frisson me traversa le dos.

Сталин в Макдоналдсе

Stalin v Makdonaldse [Translittération]

Было пятого марта в Москве.
Bylo pyatogo marta v Moskve.

Холодный ветер пах жареным маслом и бензином.
Kholodnyy veter pakh zharenym maslom i benzinom.
Я шёл по Тверской.
Ya shël po Tverskoy.
Зашёл в Макдоналдs.
Zashël v Makdonalds.
Заказал чизбургер.
Zakazal chizburger.

Сел на одно свободное место рядом с мужчиной, пожиравшим свой биг мак.
Sel na odno svobodnoye mesto ryadom s muzhchinoy, pozhiravshim svoy Big Mak.
Его усы были утоплены в кетчупе.
Ego usy byli utopleny v ketchup.
Он был в джинсах и бейсболке.
On byl v dzhinsakh i beysbolke.

– Товарищ Сталин! вскрикнул я. Что вы здесь делаете?
– Tovarishch Stalin! vskriknul ya. Chto vy zdes' delayete?
– Тихо, тихо! Как вы меня узнали?
– Tikho, tikho! Kak vy menya uznali?
– Очень просто: густые усы, запах формалина и этот кетчуп, как кровь вокруг вашего рта...
– Ochen' prosto – gustyye usy, zapakh formalina i etot ketchup, kak krov' vokrug vashego rta...
– Ладно, ладно... Чего вы хотите?
– Ladno, ladno... Chego vy khotite?

Я подумал несколько секунд
Ya podumal neskol'ko sekund
(честно говоря, я не был готов разговаривать со Сталиным...)
(chestno govorya, ya ne byl gotov razgovarivat' so Stalinym...)

– Хотите майонез?
– Khotite mayonez?
– Нет, спасибо, я с кетчупом.
– Net, spasibo, ya s ketchupom.
– Вы, знаете, как-то изменились, продолжил я. Стали человеком более современным... хотя советую вам поменять сапоги на более лёгкие туфли.
– Vy, znayete, kak-to izmenilis', prodolzhil ya, stali chelovekom boleye sovremennym... khotya sovetuyu vam pomenyat' sapogi na boleye lyogkiye tufli.
– Знаю, знаю... но сапоги, это память.
– Znayu, znayu... no sapogi, eto pamyat'.

– Вообще, приятно было поболтать с вами, товарищ Сталин, но мне уже пора.
– Voobshche, priyatno bylo poboltat' s vami, tovarishch Stalin, no mne uzhe pora.

Ах да, ещё один вопрос:
Akh da, eshchë odin vopros:
почему вы так поступали в прошлой жизни: невинные люди, лагеря, убийства, все эти ужасы?...
pochemu vy tak postupali v proshloy zhizni : nevinnyye lyudi, lagerya, ubiystva, vse eti uzhasy?..

Сталин перестал сосать картошку-фри, медленно повернул голову, устремил на меня взгляд и сказал:
Stalin perestal sosat' kartoshku-fri, medlenno povernul golovu, ustremil na menya vzglyad i skazal:
– Видите ли, только ненасытная любовница по имени власть помогает забыть настоящую любовь.
– Vidite li, tol'ko nenasytnaya lyubovnitsa po imeni vlast' pomogayet zabyt' nastoyashchuyu lyubov'.

Я вышел из Макдоналдса.
Ya vyshel iz Makdonaldsa.
На улице пахло весной и выхлопами.
Na ulitse pakhlo vesnoy i vykhlopami.
Солнце ослепительно блестело,
Solntse osleplitel'no blestelo,
но по спине пробежал холодок.
no po spine probezhal kholodok.

#35

La phrase de Staline vous trouble et la souffrance vous interpelle ? Poussez plus loin en Russie, jusqu'à Irkoutsk.

La douleur

#23

Une vérité dérangeante vous appelle après cet échange ? Prenez la direction de Kyiv.

L'esprit de vérité

#51

Plus rien ne saurait vous surprendre, pas même des objets qui murmurent ? Le regard se tourne vers Yamoussoukro.

Écoute, écoute

#10

Si cette conversation fugace vous a ouvert l'appétit sans vous rassasier, la table est dressée à Bordeaux.

Viens faire la fête, compère Cholestérol !

Cette page est la vôtre. Vous pouvez par exemple figer un moment suspendu : un lieu, une émotion, un mot entendu ici ou ailleurs, une photo, un dessin...

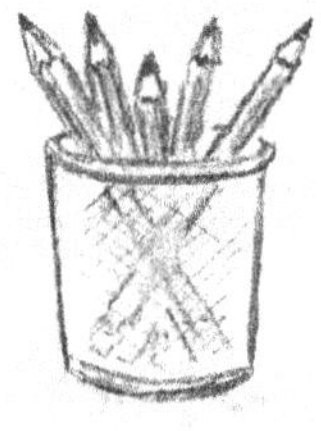

PARCOURIR *le monde*

La voix du grand Nord

[Traduction française]

Sur la terre de Baffin, au cœur de l'Arctique, le silence n'est jamais vide.
Il respire.
Sous la neige, sous la glace, quelque chose veille, invisible, respectueux.
Même le vent semble écouter avant de parler.

Peu à peu, je comprends que le froid n'est pas un ennemi,
mais un maître patient que les Inuits connaissent depuis toujours.
Ici, l'homme ne peut dominer la nature : il doit s'y adapter.
Les gestes se font lents, précis, presque sacrés.
Un feu s'allume, une peau se tend, un mot s'échange.
Chaque acte a le poids d'un siècle.

Je les regarde sculpter la pierre.
Leurs mains avancent lentement sur la serpentine,
cette pierre majestueuse aux reflets verts.
La lame fine effleure la surface, comme pour éviter de blesser quelqu'un.
Peu à peu, de la matière émergent tour à tour
une femme, un phoque, un chamane.
Les formes prennent vie et leurs âmes aussi.
Les ours dansent, les oies s'envolent, les baleines plongent.
Rien n'est figé ici : tout vit, tout attend, tout se souvient.

ᑭᓯᐊᓂ ᓇᓗᓇᐃᖅᑕ

Je songe à John Franklin, cet explorateur britannique perdu il y a bientôt 2 siècles avec son équipage de 129 hommes dans ces mers de glace, à la recherche du passage du Nord-Ouest. Triste et rocambolesque histoire qui nous ferait presque oublier que les vrais héros et aventuriers de l'Arctique ce sont les Inuits.

Leurs récits oraux, transmis de génération en génération,
sont une merveille d'écoute, de mémoire et d'humanité.
Ici, la parole n'est jamais perdue :
elle circule comme le souffle du vent, elle se dépose comme la neige,
elle relie les vivants à ceux qui les ont précédés.

En marchant dans la neige, j'aperçois ce qui ressemble à une feuille.
C'est bien une toute petite feuille d'érable, rouge, sèche, posée délicatement sur le sol.
Une feuille comme j'en ai vu des millions et pourtant celle-ci paraît impossible en ces lieux.
Elle tremble dans l'air glacé, comme si je lui faisais peur.
Je la regarde longuement, incapable de bouger.
D'où vient-elle ? D'un arbre lointain ? D'un rêve porté par le vent ?
Le Grand Nord, seul, le sait.

Je la regarde s'envoler.
Peut-être qu'elle aussi cherche sa voie.
Ou sa voix.

ᓂᐱᖕᒐ ᐊᕐᕕᖅᑐᒥ

Nipinga arviqtumi [Translittération]

ᐹᕝᕕᓐ ᓄᓇᒥ, ᐊᕐᕕᖅᑐᒥ ᐊᑯᓪᓕᕐᒥ, ᓂᐱ ᓱᓕ ᐃᓚᖅᑲᖕᒋᑦᑐᖅ.
Paavvin nunami, arviqtumi akullirmi, nipi suli ilaqangittuq.

ᓂᐱᖅᑐᖅ.
Nipiqtuq.

ᐊᐳᒻᒥ, ᓯᑯᒥ ᐊᑖᓂ, ᓱᓕ ᓱᓇᒥᒃ ᐃᖅᑲᖅᑐᖅ,
ᑕᑯᔭᐅᙱᑦᑐᖅ, ᐊᑦᑕᓇᙱᑦᑐᒥ.
Apummi, sikumi ataani, suli sunamik iqqaqqtuq,
takujauŋittuq, attanangiittumi.

ᐊᓄᕆᖅᑐᖅ ᓱᓕ ᓯᓚ ᓈᓚᒃᑐᖅ ᐅᖃᓚᐅᖅᑎᓐᓇᒍ.
Anuriqtuq suli sila naalakjuq uqalaurtinnagu.

ᓱᒃᑲᓗᐊᖕᒋᑦᑐᒥ ᐃᓱᒪᓕᖅᑐᖓ ᓂᓪᓚᒃ ᐊᑭᕋᖅᑕᐅᙱᑦᑐᖅ,
Sukkaluangittumi isumaliqtunga nillak akiraqtaunngittuq,

ᑭᓯᐊᓂ ᓴᐃᒪᔪᖅ ᐃᓕᓐᓂᐊᕐᕕᒃ ᐃᓄᐃᑦ ᓇᓗᓯᒪᔭᖕᒐ ᐊᕐᕌᒍᓂᒃ.
kisiani saimajuq ilinniarvik Inuit nalusimajanga arraagunik.

ᑕᒫᓂ ᐃᓄᒃ ᓄᓇᒥ ᐊᓯᓕᖅᑕᐅᙱᓚᖅ ; ᐊᓯᐊᓂ ᐊᓯᐅᔾᔨᖅᑐᖅ.
Tamaani inuk nunami asiliqtaujunngilaq ; asiani asiujjiqtuq.

ᐱᓕᕆᐊᑦ ᓱᒃᑲᓗᐊᖕᒋᑦᑐᑦ, ᑕᑯᓐᓇᖅᑐᑦ, ᓱᓕ ᑐᙵᓇᖅᑐᑦ.
Piliriat sukkaluangittut, takunnaqtut, suli tunnganaqtut.

ᐃᑯᒪᖅ ᐃᑭᔪᖅ, ᐊᒥᖅ ᑎᒍᔭᐅᔪᖅ, ᐅᖃᐅᓯᖅ ᐊᐅᓚᔪᖅ.
Ikumaq ikijuq, amiq tiguyaujuq, uqausiq aulajuq.

ᐱᓕᕆᐊᖅ ᐊᕐᕌᒍᓕᒫᖅ ᐃᓱᒪᖅᑲᖅᑐᖅ.
Piliriaq arraagulimaaq isumagaqtuq.

ᑕᑯᔪᖓ ᐅᔭᕋᒥᒃ ᓴᓇᔭᖕᒋᑦ.
Takujunga ujaramik sanajangit.

ᐊᒃᑐᐃᓂᖕᒋᑦ ᓱᒃᑲᓗᐊᖕᒋᑦᑐᑦ ᓴᐱᓐᑕᐃᓐ ᐅᔭᕋᒥᒃ,
Aktuiniqingit sukkaluangittut sapintain ujaramik,

ᐅᔭᕋᖅ ᐊᓪᓚᖕᒐᔪᖅ ᑐᖑᔪᓂᒃ ᑕᐅᑐᒐᖅᑲᖅᑐᖅ.
ujaraq allangajuq tungujuunik tautugaqaqtuq.

ᓴᕕᒃ ᐊᑦᑐᐃᓚᖅᑐᖅ ᐅᔭᕋᒥᒃ, ᐃᓄᒻᒥᒃ ᐋᓐᓂᕆᔭᖅᑕᐅᙱᓐᓂᐊᖅᑐᓂ.
Savik attuilaqtuq ujaramik, inummik aanniriyauŋinniarqtuni.

ᓱᒃᑲᓗᐊᖕᒋᑦᑐᒥ ᐅᔭᕋᒥᒃ ᐱᕈᖅᑐᑦ ᐊᕐᓇᖅ, ᓇᑦᑎᖅ, ᐊᖓᒃᑯᖅ.
Sukkaluangittumi ujaramik piruqtut arnaq, nattiq, angakkuq.

ᐆᒪᔪᑦ ᐱᕈᖅᑐᑦ.
Uumajut piruqtut.

ᓇᓄᐃᑦ ᒥᖅᑯᖅᑐᑦ, ᓂᐊᖅᑲᑦ ᑎᖕᒥᐊᖅᑐᑦ, ᐊᕐᕖᑦ ᓯᑯᒧᑦ ᓄᐊᖅᑐᑦ.
Nanuit miqquqtut, niaqqat tingmiaqtut, arviit sikumut nuaqtut.

ᑕᒫᓂ ᓱᓇᓗᒃ ᓂᖕᒋᖅᑐᖅᑲᖕᒋᑦᑐᖅ : ᑕᒪᓂ ᐆᒪᔪᖅ,
ᑕᒪᓂ ᐅᑕᖅᑭᔪᖅ, ᑕᒪᓂ ᐃᖅᑲᐅᒪᔪᖅ.
Tamaani sunaluk niŋiqtuqangittuq : tamani uumajuq,
tamani utaqqijuq, tamani iqqaumajuq.

ᐃᓱᒪᖅᑲᖅᑐᖓ ᔮᓐ ᕗᕌᓐᑭᓕᓐᒥᒃ, ᐃᖕᒋᕐᕋᔪᐊᖅᑐᖅ ᐊᕐᕌᒍᑦ
ᒪᕐᕉᓕᖅᑐᑦ ᓯᕗᓂᐊᓂ ᐃᓚᖅᑲᖅᑐᑦ 129 ᐊᖑᑎᓂᒃ ᓯᑯᒥ ᐃᒪᕐᓂ
Isumagaqtuŋa Jaan Vuraankilinmik, iŋirrajuaqtuq arraagut
marruuliqtut sivuniani ilaqaqtuni 129 angutinik sikumi imarni

ᓇᓂᓯᔭᕆᐊᖅᑐᖅᑎᒃ ᓂᒋᐊᓂ ᐊᖅᑯᑎᒥᒃ. ᐅᓂᒃᑳᖅ ᐅᖅᑯᒪᐃᓐᓇᖅᑐᖅ
ᐊᒻᒪ ᐊᓯᐅᔾᔨᓂᖅᑐᖅ, ᐊᑭᓕᕐᓂᖅᑲᖅᑐᖅ ᐊᕐᕕᖅᑐᒥ ᐃᓄᐃᑦ.
nanisijariaqtuqtik nigiani aqqutimik. Unikkaaq uqqumainnaqtuq
amma asiujjiniqtuq, akilirniqaqtuq arviqtumi Inuit.

ᐅᓂᒃᑳᖕᒋᑦ ᐅᖃᐅᓯᑎᒍᑦ ᐊᕐᕌᒍᓂᒃ ᐊᕐᕌᒍᓄᑦ ᐊᐅᓚᔪᑦ,
Unikkaaqingit uqausitigut arraagunik arraagunut aulajut,

ᑐᓵᔭᐅᓂᖅᑕᖅᑲᖅᑐᑦ, ᐃᖅᑲᐅᒪᓂᖅᑕᖅᑲᖅᑐᑦ, ᐃᓅᓯᖅᑕᖅᑲᖅᑐᑦ.
tusaajau-niqtaqaqtut, iqqaumaniqtaqaqtut, inuusirqtaqaqtut.

ᑕᒫᓂ ᐅᖃᐅᓯᖅ ᐊᓯᐅᔾᔫᑎᖅᑲᙱᑦᑐᖅ :
Tamaani uqausiq asiujjuutiqangittuq :

ᐊᐅᓚᔪᖅ ᐊᓄᕆᒥᒃ ᓂᐱᖅᑐᖅ ᐊᐳᑎᑎᒍᑦ,
aulajuq anurimik nipiqtuq aputitigut,

ᐃᓚᒋᐊᖅᑐᖅ ᐃᓅᔪᓂᒃ ᐊᓯᖕᒋᓐᓂᒃ.
ilagiaaqtuq inuusunik asinginnik.

ᐊᐳᒻᒥ ᐃᖕᒋᕐᕋᑎᓪᓗᖓ ᑕᑯᔪᖓ ᐅᓪᓗᕋᕐᒥᒃ ᐊᔾᔨᖅᑲᖅᑐᖅ.
Apummi iŋirratilluguŋa takujunga ulluraarmik ajjiqaqtuq.

ᐅᓪᓗᕋᖅ ᐊᐃᐹᖅᑐᖅ ᐊᐳᒻᒥ, ᐊᐅᐸᖅᑐᖅ, ᐱᕈᖅᑐᖅ, ᓄᓇᒥ ᓂᐱᖅᑐᖅ.
Ulluraaq aipaaqtuq apummi, aupaqtuq, piruqtuq, nunami nipiqtuq.

ᐊᒥᓱᐃᑦ ᑕᑯᓯᒪᔭᒃᑲ ᐅᓪᓗᕋᑦ, ᑭᓯᐊᓂ ᐅᓪᓗᕋᖅ ᑖᓐᓇ ᐊᔾᔨᙱᑦᑐᖅ ᑕᒫᓂ.
Amisuit takusimajakqa ulluraat, kisiani
ulluraaq taanna ajjiŋittuq tamaani.

ᓂᐱᖅᑐᖅ ᓂᓪᓚᒃᑐᒥ ᓯᓚ.
Nipiqtuq nillaktuumi sila.

ᑕᑯᔪᖓ ᐊᑯᓂ, ᐊᓯᐅᔾᔫᔮᙱᓚᖅᑐᖓ.
Takujunga akuni, asiujjujjaanngilaqtuŋa.

ᓇᓂᒥᑦ ᐱᔭᐅᔪᖅ? ᓄᓇᒥᑦ ᐅᖓᓯᒃᑐᒥᑦ? ᐃᓱᒪᒥᑦ ᐊᓄᕆᒧᑦ ᐊᐅᓚᔭᐅᔪᒥᑦ?
Nanimit pijaujuq? Nunamit uŋasiktumit?
Isumamit anurimut aulajaujumit?

ᐊᕐᕕᖅᑐᖅ ᑭᓯᐊᓂ ᓇᓗᓇᐃᖅᑐᖅ.
Arviqtuq kisiani nalunaiqtuq.

ᑕᑯᔪᖓ ᑎᖕᒥᐊᖅᑐᖅ.
Takujunga tingmiaaqtuq.

ᐃᒻᒪᖄ ᓱᓕ ᓇᓂᓯᔪᖅ ᐊᖅᑯᑎᒥᒃ.
Immaqa suli nanisijuq aqqutimik.

ᐅᕝᕙᓗ ᓂᐱᒥᒃ.
Uvvalu nipimik.

#71

La feuille vous échappe et la forêt vous appelle ? Cap sur Manaus, au cœur de l'Amazonie.

Ne touche pas à mon arbre

#61

Pour rester dans le froid mais passer à l'élan du sport, direction Omsk, en Russie.

La Sibérie du hockey

#46

Si ce silence blanc devient couleur et matière, rendez-vous au MET, le musée d'art à New York.

Les cyprès de New York

Les petites vagues d'Essaouira

[Traduction française]

À l'approche d'Essaouira, la mer
s'ouvre comme un livre familier.
Le vent me pousse doucement vers la
rade paisible qui s'étire sous le soleil.
Les voiles se tendent d'elles-mêmes, comme
si quelqu'un d'invisible m'invitait à accoster.

Sur la plage, des enfants me font signe :
leurs rires se mêlent au cri des mouettes.
Je m'arrête un instant. Le sable est blanc, presque
poudreux, brûlé par des siècles de chaleur.
L'air sent bon le cèdre, le sel et les
poissons argentés qu'on débarque
encore frétillants au port.

Quelques pas suffisent pour quitter la
plage et entrer dans la médina.
Une brise me montre le chemin et s'engouffre
avec moi dans les ruelles étroites.
Elle m'accompagne à travers les passages
blanchis par le sel, m'effleure le visage, me guide
vers une odeur de cèdre et de thuya.
Un vieil artisan aux doigts couverts de sciure
relève la tête et me salue d'un geste tranquille.
Une bourrasque, soudain, renverse
une boîte à mes pieds :
à l'intérieur, un motif d'argent finement
ciselé représentant de petites vagues.
Je la ramasse, il sourit :
« C'est le vent qui choisit ses visiteurs »,
me dit-il en riant.

Je poursuis ma marche jusqu'à la place Bab el-Sebaa.
Autour de moi, les voix du souk montent
et descendent comme une marée :
les bijoutiers de la rue Siaghine, les vendeurs
d'épices, les enfants qui courent entre les étals.
Dans un coin, un musicien gnaoua frappe son tambour.
Les étoffes suspendues dansent, les encens s'envolent
comme si tout, ici, était le fruit d'une respiration invisible.

Au coucher du soleil, je grimpe sur les remparts.
Le vent s'est calmé mais au large les petites vagues
dansent encore, légères comme des marionnettes.
Elles semblent me murmurer :
« N'oublie pas de revenir nous voir. »

#62
Essaouira devient carrefour des souffles et des mondes. Prenez la route d'Istanbul, là où l'Orient rencontre l'Occident.

La rencontre de l'Orient et de l'Occident

#60
Le vent se lève, plus sombre, plus violent. Laissez-le vous porter jusqu'à Kansas City, au cœur du Midwest.

Kansas City dans ma mémoire

#58
L'appel du large se fait sentir. Mettez les voiles vers Shanghai.

Le lampion de Shanghai

#3
Pour rester dans une douceur immobile, traversez l'Afrique jusqu'à Hurghada, pour une nuit de calme et de respiration.

Bonne nuit Leila

الأمواج الصغيرة في الصويرة

[Translittération] Al-amwāj aṣ-ṣaghīra fī aṣ-Ṣuwaira

عند الاقتراب من الصويرة، ينفتح البحر مثل كتاب مألوف.
ʿinda al-iqtirāb min aṣ-Ṣuwaira, yanftah al-bahr mithla kitāb maʾlūf.
يدفعني النسيم برفق نحو الخليج الهادئ الممتد تحت الشمس.
yadfaʿunī an-nasīm birifq naḥwa al-khalīj al-hādiʾ al-mumtadd taḥta ash-shams.
تتحرك الأشرعة من تلقاء نفسها، كأن شخصاً
غير مرئي يدعوني إلى الرسو.
tataḥarraku al-ashruʿa min tilqāʾi nafsi-hā, kaʾanna shakhṣan ghayr marʾī yadʿūnī ilā ar-rusū.
على الشاطئ، يلوّح لي الأطفال؛ تمتزج ضحكاتهم بصيحات النوارس.
ʿalā ash-shāṭiʾ, yalūḥu lī al-aṭfāl; tamtaziju ḍaḥikātuhum bi-ṣiyāḥ an-nawāris.

أتوقف لحظة.
atawaqqafu laḥẓa.
الرمل أبيض، ناعم كالغبار، وقد احترق بحرارة قرون طويلة.
ar-raml abyaḍ, nāʿim ka-l-ghubār, qad iḥtaraqa bi-ḥarārat qurūn ṭawīla.
تعبق الأجواء برائحة الأرز، والملح، والأسماك الفضية
التي تُفرغ من القوارب وهي ما تزال تقفز.
taʿbaqu al-ajwāʾ bi-rāʾiḥat al-arz, wa-l-milḥ, wa-l-asmāk al-fiḍḍiyya allatī tufraghu min al-qawārib wa-hiya mā tazālu taqfiz.

بضع خطوات تكفي لمغادرة الشاطئ والدخول إلى المدينة القديمة.
biḍʿu khuṭuwāt takfī limughādarat ash-shāṭiʾ wa-d-dukhūl ilā al-madīna al-qadīma.
يتسلل النسيم أمامي عبر الأزقة الضيقة، يثير
الغبار، ويحرك ستارةً من القماش.
yatasallalu an-nasīm amāmī ʿabra al-azqqa ad-dayyiqa, yuthīru al-ghubār, wa-yuḥarriku sitāra min al-qimāsh.
أتبعُه.
attabiʿuhu.
يرشدني بين الممرات المطلية بالجير، يلامس وجهي،
ويقودني نحو رائحة الأرز وخشب العرعر.
yarshidunī bayna al-mamarrāt al-maṭliyya bi-l-jīr, yalāmis wajhī, wa-yaqūdunī naḥwa rāʾiḥat al-arz wa-khashab al-ʿarʿar.

يرفع حرفيٌّ مسنّ رأسه ويحييني بإيماءة هادئة،
وأصابعه مغطاة بنشارة الخشب.
yarfʿu ḥarafiyyun musinn raʾsahu wa-yuḥayyinī bi-ʾīmāʾa hādiʾa, wa-ʾaṣābiʿuhu maghṭāta bi-nashārat al-khashab.
تهبّ نسمة قوية فتُسقط صندوقاً صغيراً عند قدميّ.
tahubbu nasma qawiyya fa-tusqiṭ ṣundūqan ṣaghīran ʿinda qadamayya.
ألتقطه: على غطائه نقش فضي دقيق يُصوّر أمواجاً صغيرة.
altuqituh: ʿalā ghaṭāʾihi naqshun fiḍḍiyyun daqīq yuṣawwir amwājan ṣaghīra.

يبتسم ويقول ضاحكاً:
yabtassim wa-yaqūlu ḍāḥikan:
"الريح هي التي تختار زوارها."
"ar-rīḥ hiya allatī takhtāru zuwārahā."

أتابع سيري حتى ساحة باب السبع.
atābaʿu sayrī ḥattā sāḥat Bāb as-Sabʿa.
من حولي ترتفع أصوات السوق وتنخفض كمدٍّ وجزر:
min ḥawlī tartafiʿu aṣwāt as-sūq wa-tanhafiḍ ka-maddin wa-jazr:
صاغة شارع الصياغين، وباعة التوابل، والأطفال
الذين يركضون بين الأكشاك.
ṣāghat shāriʿ aṣ-Ṣiyāghīn, wa-bāʿat at-tawābil, wa-l-aṭfāl alladhīna yarkuḍūna bayna al-akshāk.

في زاوية، يعزف موسيقي كناوي على طبل،
fī zāwiya, yaʿzifu mūsīqī kunāwī ʿalā ṭabl,
والأقمشة المعلقة ترقص، والدخان العطري
يتصاعد، كأن كل شيء هنا نَفَسٌ غير مرئي.
wa-l-aqmisha al-muʿallaqa tarquṣ, wa-d-dukhān al-ʿiṭrī yataṣāʿad, kaʾanna kulla shayʾ huna nafas ghayr marʾī.

عند غروب الشمس، أصعد إلى الأسوار.
ʿinda ghurūb ash-shams, aṣʿadu ilā al-aswār.
هدأ الهواء، لكن الأمواج الصغيرة لا تزال ترقص
بعيداً، خفيفة كدمى معلقة بالخيوط.
hadaʾa al-hawāʾ, lākin al-amwāj aṣ-ṣaghīra lā tazāl tarquṣ baʿīdan, khafīfa ka-dumā muʿallaqa bi-l-khuyūṭ.
تبدو وكأنها تهمس لي:
tabdū wa-kaʾannahā tuhamisu lī:
"لا تنسَ أن تعود لزيارتنا."
"lā tansa an taʿūda liziyāratinā."

Un chant pour le Gange

[Traduction française]

L'aube se lève sur Varanasi.
Une brume fine flotte au-dessus du fleuve, mêlée à la fumée des bûchers.
Les cloches sonnent depuis les temples, des voix murmurent des prières, les premières barques glissent sur l'eau.
Tout semble lent, ordonné, comme si la ville s'éveillait depuis des siècles de la même manière.

Sur les marches du ghat, une vieille femme s'avance.
Elle descend prudemment, tenant dans ses mains une petite lampe à huile.
Elle la pose sur l'eau, puis entre lentement dans le fleuve pour se baigner.
Son sari jaune flotte autour d'elle, couleur du soleil et des prières.
Elle chante, d'une voix éraillée, un air que je ne comprends pas.
Mais dans cette langue étrangère, il y a quelque chose d'universel : un appel, une gratitude, une paix.

Autour d'elle, la vie s'anime déjà.
Des enfants plongent en riant, des hommes prient, des femmes déposent des offrandes.
Plus loin, la fumée monte lentement des crémations.
Le bois craque, le vent tourne, les cendres retombent dans l'eau.
Ici, la mort n'interrompt pas la vie : elle la traverse.
Le même fleuve qui lave les corps emporte les cendres des morts.
Rien n'est séparé, tout circule : la poussière, la prière, la lumière.

Je regarde la vieille femme.
Elle continue de chanter, le regard tourné vers le large.
Son chant semble relier ce que le courant disperse :
les vivants et les morts, les purs et les impurs, les passants et les fidèles.

Je comprends alors que ce fleuve n'est pas un lieu mais un passage.
Ici, tout ce qui finit recommence sous une autre forme.
Et tandis que ma barque s'éloigne doucement du rivage, la voix de la femme s'efface dans le vent.
Je ne saurai jamais ce qu'elle disait,
mais je crois que son chant parlait de nous tous,
de ce que nous étions, de ce que nous sommes et de ce que nous serons.

गंगा के लिए एक गीत

वाराणसी में भोर हो रही है।
Varanasi mein bhor ho rahi hai.
हल्की धुंध गंगा के ऊपर तैर रही है, उसमें चिताओं का धुआँ घुला हुआ है।
Halki dhundh Ganga ke upar tair rahi hai, usmein chitaon ka dhuan ghula hua hai.
मंदिरों की घंटियाँ बज रही हैं, आवाजें प्रार्थनाएँ फुसफुसा रही हैं, और पहली नावें धीरे-धीरे बह रही हैं।
Mandiron ki ghantiyan baj rahi hain, awaazen prarthnaen phusphusa rahi hain, aur pehli naaven dheere-dheere bah rahi hain.
सब कुछ शांति से चलता है, जैसे यह शहर सदियों से हर सुबह इसी तरह जागता आया हो।
Sab kuch shanti se chalta hai, jaise yeh shahar sadiyon se har subah isi tarah jagta aaya ho.

घाट की सीढ़ियों पर एक बूढ़ी औरत उतरती है।
Ghat ki seedhiyon par ek budi aurat utarti hai.
वह धीरे-धीरे नीचे जाती है, हाथों में एक छोटी तेल-दीपक लिए।
Woh dheere-dheere neeche jaati hai, hathon mein ek chhoti tel-deepak liye.
वह उसे पानी पर रखती है, फिर धीरे से नदी में उतरकर स्नान करती है।
Woh use paani par rakhti hai, phir dheere se nadi mein utarkar snaan karti hai.
उसका पीला साड़ी उसके चारों ओर तैरता है, सूरज और प्रार्थनाओं का रंग।
Uska peeli saari uske charon or tairta hai, sooraj aur prarthnaon ka rang.
वह गाती है, टूटी-सी पर सच्ची आवाज़ में।
Woh gaati hai, tooti-si par sachchi awaaz mein.
मैं उसके शब्द नही समझ पाता, पर उस गीत में कुछ ऐसा है जो सबके लिए है,
Main uske shabd nahi samajh pata, par us geet mein kuch aisa hai jo sabke liye hai,
एक पुकार, एक कृतज्ञता, एक शांति।
ek pukar, ek kratagyaata, ek shanti.

उसके आस-पास जीवन चल रहा है।
Uske aas-paas jeevan chal raha hai.
बच्चे पानी में खेलते हैं, पुरुष प्रार्थना करते हैं, महिलाएँ फूल और दीए चढ़ाती हैं।
Bacche paani mein khelte hain, purush prarthna karte hain, mahilayen phool aur diye chadhaati hain.
थोड़ा आगे, चिताओं से धुआँ उठता है।
Thoda aage, chitaaon se dhuan uthta hai.
लकड़ियाँ चटकती हैं, हवा दिशा बदलती है, राख धीरे-धीरे नदी में गिरती है।
Lakdiyan chatakti hain, hawa disha badalti hai, raakh dheere-dheere nadi mein girti hai.
यहाँ मृत्यु जीवन को नही रोकती, वह उसका हिस्सा है।
Yahan mrityu jeevan ko nahi rokti, wah uska hissa hai.
वही नदी जो शरीरों को शुद्ध करती है, वही राख को भी अपने में समा लेती है।
Wahi nadi jo shareeron ko shuddh karti hai, wahi raakh ko bhi apne mein sama leti hai.
सब कुछ जुड़ा है, धूल, प्रार्थना और प्रकाश।
Sab kuch juda hai, dhool, prarthna aur prakaash.

मैं उस बूढ़ी औरत को देखता हूँ।
Main us budi aurat ko dekh raha hoon.
वह अब भी गा रही है, नज़र क्षितिज पर टिकाए।
Woh ab bhi gaa rahi hai, nazar kshitij par tikaaye.
उसका गीत जैसे इस सारे प्रवाह को बाँधे रखता है,
Uska geet jaise is saare pravah ko bandhe rakhta hai,
जीवितों और मृतकों को, पवित्र और अपवित्र को, राहगीरों और श्रद्धालुओं को।
jeeviton aur mrtakon ko, pavitra aur apavitra ko, raahgiron aur shraddhaluon ko.
तब मुझे समझ आता है कि यह नदी कोई स्थान नही, एक मार्ग है।
Tab mujhe samajh aata hai ki yeh nadi koi sthaan nahi, ek maarg hai.
यहाँ कुछ भी समाप्त नही होता, सब किसी और रूप में लौट आता है।
Yahan kuch bhi samaapt nahi hota, sab kisi aur roop mein laut aata hai.
जब मेरी नाव धीरे-धीरे किनारे से दूर जाती है, उसकी आवाज़ हवा में घुल जाती है।
Jab meri naav dheere-dheere kinaare se door jaati hai, uski awaaz hawa mein ghul jaati hai.
मैं कभी नही जान पाऊँगा कि वह क्या कह रही थी,
Main kabhi nahi jaan paunga ki woh kya keh rahi thi,
पर मुझे लगता है उसका गीत हम सबके बारे में था,
par mujhe lagta hai uska geet hum sabke baare mein tha,
जो हम थे, जो हम हैं, और जो हम होंगे।
jo hum the, jo hum hain, aur jo hum honge.

#31
Le feu sacré appelle encore. Cap sur Haida Gwaii, au pays des Haidas.
La flamme éternelle

#67
L'eau vous attire. Suivez le courant jusqu'aux profondeurs de l'océan.
La planète bleue

#64
La couleur du sari persiste dans le regard. Envolez-vous vers la Polynésie française.
Couleurs

#27
Prolonger le voyage en Inde, autrement. Direction Hyderabad.
Demain je serai ta femme

#2
L'hindi vous interpelle ? Rendez-vous à Bruxelles pour parler de l'histoire des langues.
La magie des langues

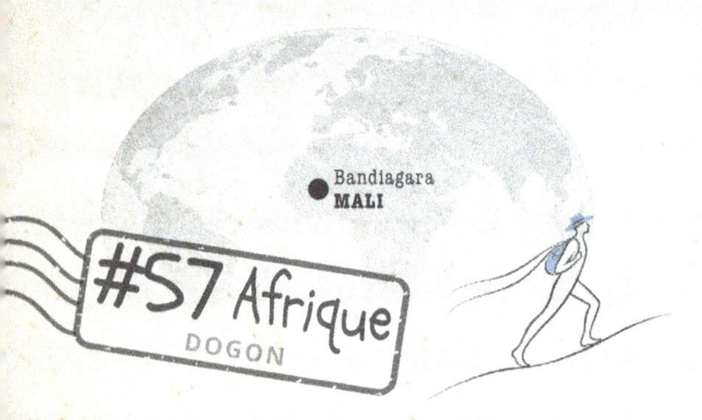

Sous le ciel Dogon

[Traduction française]

Le soleil écrase la plaine.
Depuis l'aube, nous marchons, pieds brûlants dans la poussière ocre, escortés par quelques baobabs immobiles, semblant venus d'une autre époque.
Le vent, parfois, soulève un voile de sable qui nous étouffe.
Chaque puits devient une promesse : l'eau y dort au fond, cachée, plus précieuse que tout.
Sous cette lumière implacable, le silence s'installe.
Alors seulement, on commence à entendre battre la terre.

La falaise de Bandiagara se dresse soudain, rouge et immense, comme une muraille du temps.
Avant l'arrivée des Dogons, au XVe siècle, vivaient ici les Télems, petits habitants troglodytes des falaises.
On les croit disparus, mais certains jurent les avoir vus, minuscules silhouettes au crépuscule, semblables, disent-ils, à des esprits surgis de la nuit.
Leur mémoire reste accrochée à la roche : de minuscules greniers, des cavernes suspendues, des signes qu'on ne sait plus lire.

Au pied de la falaise, les villages dogons semblent avoir poussé avec la pierre.
Les murs de banco gardent la chaleur du jour, les toits de paille s'arrondissent comme des coquilles.
Les portes sculptées veillent à l'entrée des maisons : des hommes, des femmes, des serpents, des génies protecteurs.
Sous le toit épais du *Toguna*, la maison des anciens, les piliers de bois sont gravés de corps enlacés, de ventres fertiles, de symboles de vie.
Là, le *Hogon* demeure à jamais assis.
Il ne quitte plus ce sanctuaire bas où nul ne saurait se mettre en colère car nul ne peut s'y tenir debout.

Les tambours appellent.
C'est le *Dama*, la grande cérémonie qui relie les vivants aux morts.
Les danseurs surgissent, couverts de fibres multicolores.
Les masques entrent dans la danse :
le *Kanaga*, en double croix, relie le ciel à la terre ;
le *Sirigé*, immense et vertical, évoque le grand serpent *Yam Babala*, gardien des Dogons ;
le *Satimbe*, visage de femme, rappelle la première ancêtre ;
le *Walu*, l'antilope, bondit avec la grâce du chasseur ;
et le *Dyommo*, le lièvre, tourne sur lui-même, malin et moqueur.
La poussière s'élève, les tambours résonnent, les corps s'effacent dans la transe.
Le grand masque *Sirigé* tournoie, traçant dans l'air le mouvement même du monde.

Alors que le soleil décline, un chasseur s'approche de moi.
Il tient des feuilles sèches dans le creux de sa main, souffle doucement dessus et le feu jaillit instantanément entre ses doigts, comme un secret qu'il aurait appris des pierres.
Le Hogon incline la tête.
Ici, le visible et l'invisible se croisent sans jamais s'opposer.

Les tambours se taisent, les étoiles s'allument une à une par millions.
Je ne savais pas qu'il y en avait autant.
La falaise s'endort mais l'univers reste éveillé.
Sous le ciel Dogon, chaque étoile, chaque pierre, chaque souffle semble relié.
La cosmogonie Dogon n'est pas une croyance, c'est une respiration.
Ici, l'homme n'est ni maître ni invité :
il fait partie du grand tout, au même titre que l'arbre, le feu ou le vent.
Et, dans ce silence sacré, je me sens infiniment vivant.

Sò tɛńú Dogon

Sùnò nà yè nɔ́.
Kò-sò dàgà wà sɔ̀n, yà tìrì sɔ̀ nà màlè bɔ́, à
baobabu gò nɔ̀gɔ kà yè, kàlà yé sùgu bɔ̀ tùn.
Bɛ́rɛ̀-nà, yùrú-nà, tìgì sègè nà sò, à sùgu fɛ̀yè.
Dúru jè tì nɔ̀gɔ, nà-bá sìrì fù, kà
wò kó sùgu, yé kà nɔ̀gɔ fà.
Sùnò gò wà dà, gùnì yé sègè-sègè, yà yè sò-dùgù.

Bandiagara-kùnù fàlà sìrì nà, bɛ́hɛ, kó-yà, jìgu-yà.
Dogon-nà sùgu nà yé Télem, nà-
tɛ́rɛ tɔ̀n-nà, gùnì-tó kùnù-nà.
Nà-gó, à bɛ́rɛ̀-bɛ́rɛ̀, à nà bì, à nà sègè,
à nà kɔ̀nɔ kò, kà sìlà bá kà fɛ̀.
À gùnì-kùnù sɔ̀n, à kà tìrì, kɔ̀nɔ jé
nà tɔ̀n-nà, à yé sɛ́gɛ kà jè nɔ́.

Bandiagara-sɔ̀n, Dogon-bà vìlà nà sì kà gùnì kùnù tù.
Bànkò gùnì yé sùgu kà sùnò nà, yà tí nà pálà kà sàlì.
Bá-bá nà dúgù yé à fɛ̀, à yé kùrú
nà à kùnù dɔ́gɔ à bɛ́sìrì.
Toguna kù sì tì sɔ̀n, à fá yé sùgu tìrì bɛ́hɛ,
à gùnì kùnù pílí yé à nɔ̀ sè dù fɛ̀.
Hogon nà sɔ̀n à bì kà kún.
À tì kà nà kúnù bɛ́hɛ, à bì kà nɔ́ kà
mùsù, kà yé sè à tɔ̀n bɛ́kùnù.

Dùgù-tìrì kà fɔ́ nà.
Dama kà bì, kà bì yà yé dùgù bɛ́hɛ, à yé yù nà bà.
Nà-mà bì sùgu nà, à kùnù bɛ́hɛ bà-bà.
Masku kà bì sùgu nà :
Kanaga, bà jɛ̀yé Amma nà, à kà fɔ́ sùgu kà jìgu.
Sirigé, nà yé Yam Babala, sùgu-jɛ̀bà nà yé dò Dogon.
Satimbe, bá nà sì yé mùsú fɛ̀nà.
Walu, yà yé kɔ̀nɔ, fù bá, bà sùgu nà.
Dyommo, yà yé sɛ́gɛ nà, sò kà nɔ̀gɔ, à tì yé sùgu bɛ́hɛ.
Dùgù-tìrì bɛ́hɛ, à sì sè à kùnù, masku bì sùgu nà.
Sirigé kà bì kún, à tì kà dù bà jìgu nà.

Sùnò dà, kɔ̀nɔ bà bì mà.
À tì fì fà nà hì kùnù, à bɛ́bà tìrì sè, à bì fù nà sò.
Hogon nà bì kà nɔ́.
Dùgù-sùgu kà fɔ́, nà sè à bɛ́jè nɔ̀gɔ tì yé à bà nà.

Dùgù-tìrì bì kùn.
Yɛlɛ kà sò kà bì bɛ́hɛ, bá jìgu bɛ́hɛ.
Nà tì sè à sì yé à yé dò nà sùgu.
Dogon-sò tɛńú nà, bá yé kà kùnù
bà nà, bá kà dùgù bà nà.
Dogon-jè sùgu nà nà sì yé bà dùgù.
Nà bà jìgu kà sì nà bá yé nɔ́, bà yé kà
bɛ́hɛ yé nà tìrì, bà yé hìn nà bɛ́hɛ.
Nà bà tìrì sè, à sò fɔ̀n kà bɛ́hɛ.

#2

Le dogon, langue traditionnellement orale, vous interpelle ? Pour explorer l'histoire d'une autre langue, prenez la route de Bruxelles.

La magie des langues

#24

Quand le ciel devient trop proche, l'envie d'horizon s'impose. Le chemin vous entraîne jusqu'à Ushuaia, en Argentine.

Quand la route prend fin

#54

Cette nuit appelle d'autres peuples de la parole à travers le cosmos. Cap sur le Grand Nord, chez les Inuits du Canada.

La voix du Grand Nord

Le lampion de Shanghai

[444Traduction française]

La journée s'est terminée comme elle avait commencé :
perdu au milieu d'une foule qui se croise sans se voir,
entouré de tours de verre et de béton, du vacarme
constant et des écrans de toutes tailles.
Embouteillages interminables, réunions qui s'enchaînent, un dîner d'affaires prolongé,
puis un karaoké improvisé pour célébrer je ne sais plus quoi.
Rien d'inhabituel, simplement une journée de travail à Shanghai.
Intense, passionnante mais sans répit.

Je sors enfin à l'air libre et reste un instant immobile, étourdi
par les lumières du Bund qui ne s'éteignent jamais.
Elles colorent le fleuve d'ombres et de reflets mouvants,
hypnotisent autant qu'elles épuisent.
Je marche sans but précis, juste pour faire taire les notifications dans ma tête.
Les grandes avenues se vident peu à peu.
Je tourne à gauche, puis à droite et me perds
volontairement dans un quartier plus ancien,
où le linge sèche encore aux fenêtres et où l'on sent l'odeur du riz et du thé chaud.

C'est là que je la vois.
Une fillette d'environ six ans, debout près d'un muret.
Elle tient dans ses mains un lampion rouge.
Elle le protège du vent, avec un sérieux presque adulte.
Elle me dit qu'elle en allume un chaque soir pour qu'il "vole jusqu'à la lune".
Là, selon sa grand-mère, vivent les rêves et les enfants pas encore nés.
Ce soir, elle souhaite devenir pilote et avoir un petit frère pour jouer avec elle.

Je l'aide à allumer la flamme.
Le lampion s'élève lentement, frôle un câble électrique,
puis disparaît entre deux immeubles.
Sa lumière danse un instant dans le ciel de la ville, minuscule mais tenace.

Je reste là un moment,
à regarder l'endroit où il a disparu.
Et je me dis qu'il suffit d'un geste simple
pour réveiller notre âme d'enfant
et se reconnecter avec les autres.

上海的灯笼

Shànghǎi de Dēnglóng [Translittération]

这一天结束得和开始时一样。
Zhè yītiān jiéshù de hé kāishǐ shí yīyàng.

我迷失在人群中，周围是玻璃和混凝土的高楼，
Wǒ míshī zài rénqún zhōng, zhōuwéi
shì bōlí hé húntǔ de gāolóu,

永不停息的噪音，以及各种大小的屏幕。
yǒng bù tíngxī de zàoyīn, yǐjí gè zhǒng dàxiǎo de píngmù.

无尽的交通堵塞、接连不断的
会议、冗长的商务晚宴，
Wújìn de jiāotōng dǔsè, jiēlián bùduàn de huìyì,
yǐjí lóngcháng de shāngwù wǎnyàn,

然后是一场即兴的卡拉OK，为了
庆祝我已经忘记的事情。
ránhòu shì yī chǎng jíxìng de kǎlā OK, wèile
qìngzhù wǒ yǐjīng wàngjì de shìqíng.

这没什么特别，只是上海普通的一天，
Zhè méishénme tèbié, zhǐshì Shànghǎi pǔtōng de yītiān,

紧张、精彩，却没有片刻停歇。
jǐnzhāng, jīngcǎi, què méiyǒu piànkè tíngxiē.

我终于走到户外，站在原地片刻，
Wǒ zhōngyú zǒu dào hùwài, zhàn zài yuándì piànkè,

被外滩永不熄灭的灯光晃得有些眩晕。
bèi Wàitān yǒng bù xīmiè de dēngguāng
huǎng dé yǒuxiē xuànyūn.

灯光为河面染上了阴影与倒影，
Dēngguāng wèi hémian rǎn shàngle yīnyǐng yǔ dàoyǐng,

既迷人，又让人疲惫。
jì mírén, yòu ràng rén píjuàn.

我漫无目的地走着，只想让脑
海里的提示音安静下来。
Wǒ mán wú mùdì de zǒuzhe, zhǐ xiǎng ràng
nǎohǎi lǐ de tíshì yīn ānjìng xiàlái.

宽阔的街道渐渐安静，
Kuānkuò de jiēdào jiànjiàn ānjìng,

我左转、右转，故意迷失在一片老旧的街区，
wǒ zuǒ zhuǎn, yòu zhuǎn, gùyì míshī zài yīpiàn lǎojiù de jiēqū,

那儿窗边还晾着衣服，空气里
飘着米饭和热茶的香气。
nà'er chuāng biān hái liàngzhe yīfú, kōngqì
lǐ piāozhe mǐfàn hé rèchá de xiāngqì.

就在那时，我看见了她。
Jiù zài nà shí, wǒ kànjiànle tā.

一个大约六岁的小女孩，站在矮墙旁。
Yīgè dàyuē liù suì de xiǎo nǚhái, zhàn zài ǎiqiáng páng.

她手中捧着一盏红色的灯笼，
Tā shǒu zhōng pěngzhe yī zhǎn hóngsè de dēnglóng,

小心地护着火焰，神情认真得像个大人。
xiǎoxīn de hùzhe huǒyàn, shénqíng rènzhēn dé xiàng gè dàrén.

她对我说，每天晚上，她都会点亮一盏灯笼，
Tā duì wǒ shuō, měitiān wǎnshang, tā
dūhuì diǎnliàng yī zhǎn dēnglóng,

让它“飞到月亮那里”。
ràng tā “fēi dào yuèliàng nàlǐ”.

在那里，据她奶奶说，住着梦想，
Nàlǐ, jù tā nǎinai shuō, zhùzhe mèngxiǎng,

也住着那些还没出生的孩子。
yě zhùzhe nàxiē hái méi chūshēng de háizi.

今晚，她希望自己能成为飞行员，
Jīn wǎn, tā xīwàng zìjǐ néng chéngwéi fēixíngyuán,

还能有一个弟弟，陪她一起玩。
hái néng yǒu yīgè dìdì, péi tā yīqǐ wán.

我帮她点燃了灯芯。
Wǒ bāng tā diǎnrànle dēngxīn.
灯笼慢慢升起，掠过一根电线，
Dēnglóng mànmàn shēng qǐ, lüèguò yī gēn diànxiàn,
然后消失在两栋楼之间。
ránhòu xiāoshī zài liǎng dòng lóu zhī jiān.
它的光在城市的夜空中
跳动，微弱却倔强。
Tā de guāng zài chéngshì de yèkōng zhōng
tiàodòng, wéiruò què juéjiàng.

我站在那里，
Wǒ zhàn zài nàlǐ,
凝视着它消失的方向。
níngshìzhe tā xiāoshī de fāngxiàng.
我想，也许只需要一个简单的动作，
Wǒ xiǎng, yěxǔ zhǐ xūyào yīgè jiǎndān de dòngzuò,
就能唤醒我们内心的童心，
jiù néng huànxǐng wǒmen nèixīn de tóngxīn,
重新与他人相连。
chóngxīn yǔ tārén xiānglián.

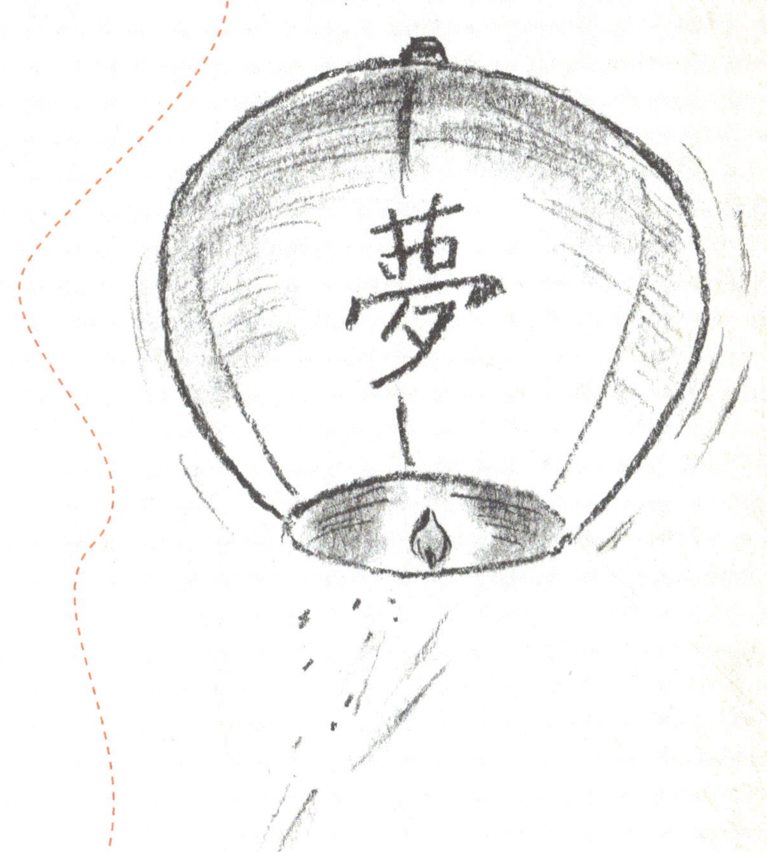

#37
Cette confidence d'enfant ouvre une autre blessure, plus silencieuse ? Partez pour la Nouvelle-Zélande.
Le silence après le haka

#20
Quand le lampion devient source d'espérance et de résistance, poursuivez en Allemagne.
Berlin au matin

#49
S'il ne s'est pas éteint, c'est peut-être qu'il continue de monter. Basculez avec lui dans l'espace.
Naître dans l'espace

Demain sera frette

Majestueuse force sereine qui sait briser les glaces et les cœurs,
Mi-mer, mi-fleuve, le Saint-Laurent coule sans heurts,
Et façonne avec une passion infinie le Québec,
Terre de feu, terre de frette.

Tire-toi une bûche, mon fils, pour le contempler.
A-t-il seulement changé ?
On dit qu'il est domestiqué, que l'industrie l'a rendu malade,
« Qu'il peut mourir, quelle balade ! »

Pourtant il coulait déjà ici, bien avant tout,
Et il continuera, sans doute, bien après nous.
Dans ce monde programmé où l'on ne sait plus penser,
Qui saurait encore s'étonner que le soleil se lève du mauvais côté ?

Allez, assez rêvassé ; accroche ta tuque, mon fils, ta vie est là-bas.
Le monde t'attend ; bientôt, on parlera de toi.
Mais n'oublie pas que le bonheur est toujours à ta portée,
Si seulement tu sais te baisser pour le ramasser.

#54

Si vous ramassez ce « P'tit Bonheur », dans le sillage de Félix Leclerc, et poursuivez la route au Canada, le chemin mène plus au Nord, à la rencontre des Inuits.

La voix du Grand Nord

#30

Après ce grand coup de froid ou de « frette », le désir de chaleur s'impose ? Direction le Sahara, au sud de l'Algérie.

Le songe du vieux

#48

Entre chaud et froid, l'esprit vacille. Laissez-vous emporter par le surréalisme de Bogotá.

Quelle chaleur dans ce froid !

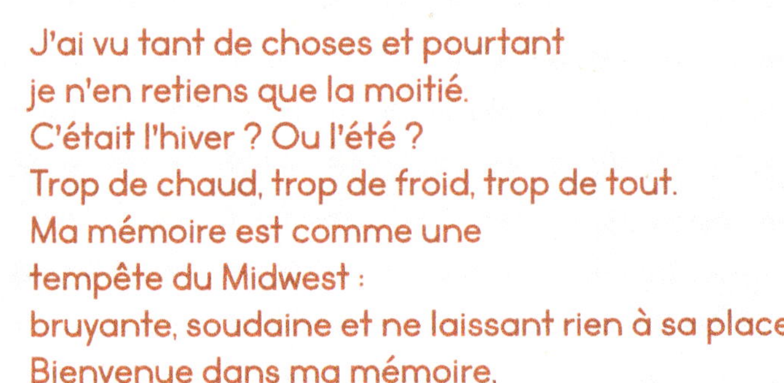

Kansas City dans ma mémoire

[Traduction française]

Des maisons de briques alignées
comme de vieux amis,
épaule contre épaule, dansant
sur un air de jazz paresseux.
Des porches de fer forgé construits
pour résister au vent,
tandis que les néons vacillent et que
l'odeur du barbecue flotte dans les rues.

Et pourtant, c'est toujours le vent qui gagne.
Quand une tornade passe, elle
balaie les rues et la mémoire.
Parfois je me demande si elle a vraiment existé,
ou si c'est juste mon esprit,
encore en train de tourner.
Bienvenue à Kansas City !

J'ai vu tant de choses et pourtant
je n'en retiens que la moitié.
C'était l'hiver ? Ou l'été ?
Trop de chaud, trop de froid, trop de tout.
Ma mémoire est comme une
tempête du Midwest :
bruyante, soudaine et ne laissant rien à sa place.
Bienvenue dans ma mémoire,
un ciel plein de trous !

– *« Allez les Chiefs ! »*
La foule rugit, les chemises rouges
s'agitent sous les projecteurs.
Les chapeaux de cow-boys virevoltent, des
écrans de télévision couvrent chaque mur.
Le match, la sueur, les rires :
c'est comme ça qu'ici on chasse le temps
et qu'on se prend pour des stars.
Santé, mon ami !
Avant que le prochain quart-temps
ne commence, levons nos verres
à ceux dont on se souvient encore.
Bienvenue dans le *bar sportif*, là où le bruit est roi.

Je ne me souviens pas de grand-chose d'autre…
Y a-t-il vraiment eu une tempête hier soir,
ou bien est-ce encore moi qui tournais en rond ?
Donne-moi un indice, une note de trompette,
un goût familier, quelque chose pour tout raviver.
Ah oui ! C'est vrai ! Aujourd'hui, on est vendredi !

Kansas City in my memory

Brick houses lined up like old friends,
shoulder to shoulder, dancing to a lazy jazz tune.
Iron porches built to resist the wind,
while neon signs flicker and the scent of
barbecue drifts through the streets.

And yet, the wind always wins.
When a tornado passes, it sweeps
the streets and the mind alike.
Sometimes I wonder if it really happened,
or if it's just my memory, spinning again.
Welcome to Kansas City!

So many things I've seen, and yet I
can't remember half of them.
Maybe it was winter, maybe summer...
too hot, too cold, too much of everything.
My mind's a Midwestern storm:
loud, sudden, and leaving nothing where it was.
Welcome to my memory, a sky full of holes!

"Go Chiefs!"
The crowd roars, red shirts flashing
under the stadium lights.
Cowboy hats wave, TV screens
glow from every wall.
The game, the sweat, the laughter :
that's how we chase time here,
and play at being stars.
Cheers, my friend!
Before the next quarter begins,
let's raise another toast
to the ones we still remember.
Welcome to the sports bar, where noise is king.

Gee, I can't recall much more...
Was there really a storm last night,
or was it just me, spinning again?
Give me another hint, maybe a horn line,
a familiar taste, something to bring it all back.
Oh yeah! Right! Today is Friday!

#48

La tête tourne et la mémoire flanche ? Laissez-vous glisser vers le surréalisme de Bogotá.

Quelle chaleur dans ce froid !

#4

Cet air de jazz vous trotte encore dans la tête ? Restez aux États-Unis et changez de tempo à Chicago.

La voix du blues

#26

La musique et le corps s'emballent ? Allez danser à Hanoï.

La balayeuse du 1900

#14

Quand le bruit retombe mais que le sommeil ne vient pas, reprenez la route jusqu'à Sydney.

Un mouton, deux moutons

La Sibérie du hockey

[Traduction française]

Je croyais que cette région n'était
que silence et neige infinie.
Mais ce soir, elle crie, elle vibre,
elle brûle sur la glace.

Dehors, le froid mord les joues.
Dedans, l'aréna déborde d'hommes, de femmes
et d'enfants drapés de rouge et de noir.
Les chants montent, les tambours battent
en cadence, les bières s'entrechoquent.
C'est tout un peuple qui s'échauffe
avant l'affrontement.

Ce soir, l'*Avangard* d'Omsk
affronte sur sa patinoire
l'*Ak Bars* de Kazan dans un
match décisif de la KHL.
Les joueurs entrent sur la glace comme
des gladiateurs dans l'arène.
Le hockey, ici, n'est pas un simple
sport : c'est un art de vivre,
où la stratégie s'écrit à coups
d'épaules et de regards,
où chaque passe est une promesse,
chaque chute une leçon.

Le jeu s'accélère, les corps se heurtent,
le palet file d'un bout à l'autre comme
une étincelle sur la glace.
Les supporters hurlent, les drapeaux claquent,
et dans cette fureur glacée,
tout devient clair et beau.

Le troisième tiers-temps approche.
Un instant de silence, puis un tir.
Précis, violent.
Et la glace explose sous les cris
du public : c'est le but !

Un bon match de hockey, de la bière,
de belles filles dans les tribunes,
des enfants qui rient,
et un peuple qui transforme le froid en feu.
Loin de Moscou et des intrigues politiques,
ici, même la glace a un cœur.

Сибирь хоккея

Sibir' khokkeya [Translittération]

Я думал, что этот край – только снег и тишина.
Ya dumal, chto etot kray – tol'ko sneg i tishina.
Но сегодня он кричит, дрожит и горит на льду.
No sevodnya on krichit, drozhit i gorit na l'du.

Снаружи мороз кусает щёки.
Snaruzhi moroz kusayet shchyoki.
Внутри арена кипит : мужчины, женщины,
дети в красном и чёрном.
Vnutri arena kipit : muzhchiny, zhenshchiny, deti v krasnom i chyornom.
Песни звучат, барабаны отбивают ритм, звон бокалов,
Pesni zvuchat, barabany otbivayut ritm, zvon bokalov,
весь народ разогревается перед схваткой.
ves' narod razogrevayetsya pered skhvatkoy.

Сегодня «Авангард» из Омска
принимает на своей площадке
Segodnya "Avangard" iz Omska prinimayet na svoyey ploshchadke
казанский «Ак Барс» в решающем матче КХЛ.
kazanskiy "Ak Bars" v reshayushchem matche KHL.
Игроки выходят на лёд, как гладиаторы в арену.
Igroki vykhodyat na lyod, kak gladiatory v arenu.
Хоккей здесь – не просто спорт,
Khokkey zdes' – ne prosto sport,
а образ жизни, где стратегия пишется ударами плеч,
a obraz zhizni, gde strategiya pishetsya udarami plech,
взглядами, мгновениями, где каждая
передача – обещание,
vzglyadami, mgnoveniyami, gde kazhdaya peredacha – obeshchaniye,
а каждое падение – урок.
a kazhdoe padenie – urok.

Игра ускоряется, тела сталкиваются,
Igra uskoryayetsya, tela stalkivayutsya,
шайба летит по льду, как искра в ночи.
shayba letit po l'du, kak iskra v nochi.
Трибуны ревут, флаги полощутся,
Tribuny revut, flagi poloschutsya,
и в этом ледяном безумии всё
становится ясным и прекрасным.
i v etom ledyanom bezumii vsyo stanovitsya yasnym i prekrasnym.

Третий период. Мгновение тишины и бросок.
Tretiy period. Mgnoveniye tishiny i brosok.
Резкий, точный.
Rezkiy, tochnyy.
И вдруг лёд взрывается под крики толпы : гол!
I vdrug lyod vzryvayetsya pod kriki tolpy : gol!

Хороший хоккей, пиво,
Khoroshiy khokkey, pivo,
красивые девушки на трибунах, смеющиеся дети
krasivyye devushki na tribunakh, smeyushchiesya deti
и народ, превращающий холод в пламя.
i narod, prevrashchayushchiy kholod v plamya.
Далеко от Москвы и политических интриг
Daleko ot Moskvy i politicheskikh intrig
здесь даже лёд имеет сердце.
zdes' dazhe lyod imeyet serdtse.

кусает щёки.

#32

Si vous voulez prolonger l'expérience sportive avec un autre défi, chaussez vos patins et filez vers Stockholm, autre terre de hockey.

L'heure des choix

#73

Pour rester en Russie et partir bien plus à l'Est, à la découverte de grands espaces, prenez la direction du Kamtchatka.

Les volcans du Kamtchatka

#10

Besoin de vous restaurer très copieusement après ce coup d'adrénaline ? Rendez-vous à Bordeaux.

Viens faire la fête, compère Cholestérol !

La rencontre de l'Orient et de l'Occident

[Traduction française]

Je me tiens devant Sainte-Sophie.
Sous la lumière du matin, la pierre rosée brille comme une peau ancienne.
Au-dessus des colonnes byzantines s'élèvent des calligraphies
arabes, flottant dans l'air comme des prières d'un autre temps.
Les mosaïques dorées côtoient les versets du Coran ;
la croix et le croissant partagent le même espace.
Ici, chaque pierre raconte un passage, chaque coupole un dialogue.

Les murs portent encore la trace de quinze siècles.
Des empires se sont effondrés, des religions ont changé, des prières
sont montées vers le ciel… toutes ont résonné sous la même voûte.

Ici se sont rencontrées la ferveur de l'Orient et la curiosité de l'Occident.
Un port ouvert où les civilisations se frôlent et se répondent,
et moi, sur cette ligne fragile entre deux mondes, je
ressens tout le paradoxe des hommes
capables de se reconnaître comme frères mais tentés
sans cesse de s'affronter comme étrangers.

Peut-être est-ce cela, la foi ?
Non pas l'appartenance à une religion mais le besoin profond de relier : relier le passé et l'avenir, le visible et l'invisible, le matériel et le spirituel. Les civilisations naissent sans doute de cette tension. Elles bâtissent des ponts pour comprendre le monde et y trouver leur place. Et Istanbul, par son histoire, par ses marchés, par son énergie, reste ce pont vivant : un lieu où les idées, les cultures et les affaires se rencontrent.

En observant ce va-et-vient constant, je me dis que ce qui fait durer les œuvres humaines tient peut-être à deux fondations : l'éthique et la culture.
Elles sont comme la mémoire et la conscience des peuples,
la force tranquille qui donne forme à leurs créations.
Quand l'éthique se perd, les projets s'effondrent ;
quand la culture s'efface, les constructions se vident de sens.
Et qu'il s'agisse d'un empire, d'une entreprise
ou d'un monument comme celui-ci,
ce sont toujours les valeurs et le lien humain qui en assurent la cohésion.

Alors je lève les yeux vers la coupole.
La lumière glisse sur les mosaïques d'or, éclaire les calligraphies, caresse les arcs et les marbres polis.
Sous le ciel d'Istanbul, je comprends que l'harmonie
n'est pas l'effacement des différences,
mais leur dialogue.
Et dans ce balancement suspendu entre l'Orient et l'Occident,
je ressens plus que jamais ce paradoxe éternel :
celui d'une humanité qui cherche à bâtir toujours plus,
mais qui doit encore apprendre à préserver ce qui la relie.

Doğu ile Batı'nın Buluşması

Ayasofya'nın önünde duruyorum.
Sabah ışığında, pembe taşlar eski bir
deriyi andırır gibi parlıyor.
Bizans sütunlarının üzerinde Arap hatları yükseliyor,
geçmişten gelen dualar gibi havada süzülüyor.
Altın mozaikler Kur'an ayetleriyle yan yana;
haç ve hilal aynı mekânı paylaşıyor.
Burada her taş bir geçişi, her kubbe bir diyaloğu anlatıyor.

Duvarlar hâlâ on beş yüzyılın izini taşıyor.
İmparatorluklar yıkıldı, dinler değişti, dualar göğe
yükseldi, hepsi aynı kubbenin altında yankılandı.

Burada, Doğu'nun coşkusu ile Batı'nın merakı buluşmuş.
Medeniyetlerin birbirine dokunduğu bir liman gibi,
iki dünya arasında duran ben, insanların
o büyük çelişkisini hissediyorum,
birbirini kardeş olarak tanıyabilen ama yine de
yabancı gibi savaşan varlıklar olduklarını.

Belki de iman dediğimiz şey budur?
Bir dine ait olmaktan çok, birbirine bağlanma ihtiyacı.
Geçmişi geleceğe, görünürü görünmeyene,
maddeyi ruha bağlama isteği.
Belki de medeniyetler bu gerilimden doğar;
dünyayı anlamak ve içinde yer bulmak
için köprüler kurarlar.

Ve İstanbul, tarihiyle, pazarlarıyla,
enerjisiyle hâlâ yaşayan o köprüdür,
fikirlerin, kültürlerin ve iş dünyasının buluştuğu yer.

Bu sürekli gidip gelmelere bakarken,
insan yapılarının kalıcılığının belki de iki temele
dayandığını düşünüyorum: etik ve kültür.
Onlar, halkların hafızası ve vicdanı gibidir;
yaratımlarına biçim veren sessiz güç.
Etik kaybolduğunda projeler çöker,
kültür silindiğinde yapılar anlamını yitirir.
İster bir imparatorluk, ister bir şirket
ya da böyle bir anıt olsun,
dayanıklılığı sağlayan her zaman
değerlerdir, insan arasındaki bağdır.

Sonra başımı kaldırıyorum kubbeye doğru.
Işık, altın mozaiklerin üzerinde kayıyor, hat yazılarını
aydınlatıyor, kemerleri ve mermerleri okşuyor.
İstanbul'un göğü altında anlıyorum ki
uyum, farklılıkların yok oluşu değil,
onların diyaloğudur.
Ve Doğu ile Batı arasındaki bu asılı salınımda,
daha önce hiç olmadığı kadar
hissediyorum o sonsuz çelişkiyi:
insanlığın hep daha fazlasını inşa etme arzusunu,
ama hâlâ onu birleştiren şeyi korumayı öğrenemeyişini.

#56
Le sacré résonne encore. Prenez la route de Varanasi, sur les rives du Gange.
Un chant pour le Gange

#73
Le regard file vers l'Extrême-Orient. Envolez-vous pour les terres brutes du Kamtchatka.
Les volcans du Kamtchatka

#28
Partir vers l'Occident, un café à la main ? Laissez vos pas vous mener à Paris.
Au café du monde

#34
À moins que vous ne préfériez un humour britannique ? Cap sur Plymouth.
La petite saucisse de Mrs Twick

#60
Pour pousser encore plus loin vers l'Ouest. Direction Kansas City, au cœur des États-Unis.
Kansas City dans ma mémoire

Doğu ile Batı

L'enfant du lac Titicaca

[Traduction française]

*Enrique était un enfant sans histoires, avec
un sourire d'ange quoiqu'un peu mystérieux.
Il vivait au bord du lac Titicaca, dans une
modeste maison de pierre et de roseaux.
Autour de son cou, il portait un
médaillon en or, transmis par son
père avant un voyage sans retour.*

*Chaque matin, quand les premiers rayons
du soleil se levaient derrière les pics andins,
Enrique jouait de la flûte de pan.
On disait que lorsque ses notes s'élevaient,
le lac lui-même retenait sa respiration.
Alors, le médaillon se mettait à briller,
et le temps semblait s'arrêter.*

*Enrique pouvait ainsi traverser le marché
rempli de gens pétrifiés, observer
les oiseaux figés dans le ciel,
et il riait en voyant les amants surpris
dans leur cachette et les élèves qui
trichaient pendant leur examen.*

*Mais un jour, il tomba amoureux d'une
fille qui savait lire les quipus
et connaissait les secrets du médaillon.
Elle ne souriait pas mais dans ses
yeux dansaient les fils du temps.
On raconte qu'Enrique, ayant compris
que son secret n'en était plus un,
jeta sa flûte dans le lac et partit vivre avec elle,
quelque part, sur les îles où le vent
parle encore aux roseaux.*

Le pêcheur s'arrêta de parler.
Je regardais le lac, immense et étrange,
étendu comme un miroir d'argent
entre la terre et le ciel.
Je ne lui dis rien sur le moment mais
au fond de moi je pensais :
"Bah, encore une légende sur le lac Titicaca !"

Les années ont passé mais ce
souvenir me revient souvent,
car je jurerais que, de temps à autre,
le temps s'arrête vraiment...
et qu'une voix lointaine me murmure à l'oreille :
"Chut... je ne fais que passer."

El niño del lago Titicaca

Enrique era un niño tranquilo, con una
sonrisa de ángel aunque un poco misteriosa.
Vivía a orillas del lago Titicaca, en una
humilde casa de piedra y totora.
Llevaba en el cuello un medallón de oro
que su padre se lo había regalado antes
de salir para un viaje sin regreso.

Cada mañana, cuando los primeros rayos del
sol se levantaban detrás de los picos andinos,
Enrique tocaba su zampoña.
Se decía que cuando sus notas subían al
cielo, el lago mismo contenía la respiración.
Entonces, el medallón empezaba a brillar
y el tiempo parecía detenerse.

Enrique podía así cruzar el mercado
lleno de gente inmóvil, observar
las aves detenidas en el aire,
y reír al ver a los enamorados sorprendidos
en su escondite y a los estudiantes que
copiaban durante sus exámenes.

Pero un día se enamoró de una
muchacha que sabía leer los quipus
y conocía los secretos del medallón.
Ella no sonreía, pero en sus ojos
danzaban los hilos del tiempo.
Cuentan que Enrique, al comprender
que su secreto ya no lo era,
arrojó su zampoña al lago y se fue con ella,
a algún lugar de las islas donde el
viento aún conversa con los juncos.

El pescador dejó de hablar.
Miré el lago, inmenso y extraño,
extendido como un espejo de plata
entre la tierra y el cielo.
No le dije nada en ese momento,
pero por dentro pensé:
"Bah, ¡otra leyenda más del lago Titicaca!"

Los años han pasado, pero ese
recuerdo vuelve a mí a menudo,
porque juraría que, de vez en cuando,
el tiempo realmente se detiene...
y que una voz lejana me susurra al oído:
"Shhh... solo estoy de paso."

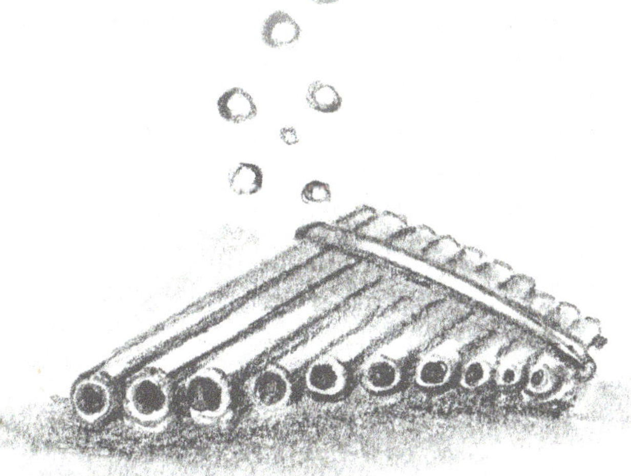

#33
Le temps semble suspendu et un autre enfant a besoin de votre présence ? Prenez la route du Sénégal.
L'ourson du malade

#59
Pour ralentir le rythme du quotidien, « tirez-vous une bûche » et laissez le temps faire une pause au Québec.
Demain sera frette

#58
Si le temps s'arrête brusquement pour laisser place à l'émerveillement, cap sur la Chine.
Le lampion de Shanghai

Cette page est la vôtre. Vous pouvez par exemple figer un moment suspendu : un lieu, une émotion, un mot entendu ici ou ailleurs, une photo, un dessin...

ÉCOUTER *la nature*

Couleurs

Corail vert, ciel orangé, mer bleue, nuit noire, aurore blanche : couleurs,
On nous les apprend à l'école, par cœur ;
Un peu comme on nous apprend à répondre à notre nom,
Le besoin de créer des repères communs est profond.

Et si j'étais né aveugle, que verrais-je ?
Un monde en rose, comment le saurais-je ?
Rares sont-ils, ces visionnaires, qui inventent de nouvelles couleurs,
Seuls, dans le noir, ils ouvrent les yeux et osent regarder sans peur.

Corail orange, ciel bleu, mer noire, nuit blanche, aurore verte : couleurs,
Harmonies naturelles, elles se mélangent sans heurts.
Au bout des crayons, au cœur des lagons, tout en douceur,
Rouge et jaune s'unissent dans leur cœur,
Mêlant leurs différences pour enfanter l'aurore,
Et l'on comprend soudain que la différence colore.

Corail bleu, ciel noir, mer blanche, nuit verte, aurore orangée : couleurs,
Ah, dites-vous, quel doux rêveur !
C'est pourtant la vérité, ne vous déplaise !
Hé ! Vous ! Prenez le temps d'observer comme les couleurs influencent passions et mœurs…
Et moi ? Eh bien moi, pendant ce temps, je continue à repeindre les couleurs…

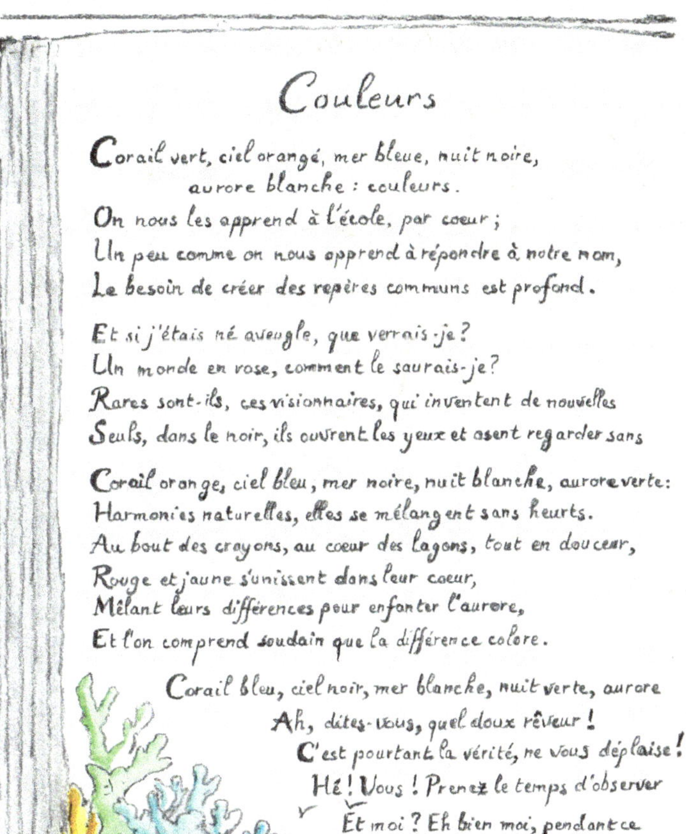

#67

Envie de prolonger le bleu ? Plongez dans les profondeurs silencieuses de l'océan.

La planète bleue

#15

Le rose s'impose à votre regard ? Direction Ispahan, auprès d'une femme qui résiste avec courage.

La rose et le désert

#50

Le vert vous attire ? Envolez-vous avec un perroquet jusqu'à Barcelone.

Les perroquets de Barcelone

#28

Le noir vous appelle ? Asseyez-vous à la terrasse d'un petit café parisien.

Au café du monde

#20

Le blanc s'invite dans vos pensées ? Prenez la route de Berlin, sous une neige mélancolique.

Berlin au matin

Ton bonzaï en fleurs

[Traduction française]

Dans le petit jardin d'un temple de Chengdu, au milieu des bambous et des pierres moussues, rien ne semblait bouger, sauf une fourmi qui traçait lentement son chemin sur la racine du bonzaï.

Le vieux maître posa sa main sur l'épaule de Xiaofei.

– As-tu vu, Xiaofei ? Ton bonzaï est en fleurs.

– Vraiment ? Pourtant je le croyais mort… ses branches paraissent toutes sèches.

– Non. Prends le temps de l'observer : a-t-il vraiment l'air mort ?
Allez, presse cette petite branche entre tes doigts et dis-moi ce que tu sens.

– J'ai l'impression qu'il est si fragile… j'ai peur de le casser.

– Ne crains rien, il a déjà survécu à quatre-vingts hivers.
C'est ça, vas-y lentement. Bien.
Maintenant, sens-tu son cœur qui bat, et la sève qui jaillit de ses entrailles ?

– Non… attends… oui, on dirait que je sens quelque chose à présent…

– Parfait. À présent, regarde tout au bout de la branche.
Approche-toi tout près. Que vois-tu ?

– Rien… la branche s'arrête…
Ah, tiens, qu'est-ce que c'est ? Est-ce que ce serait… un minuscule bourgeon, tout au bout ?

– Oui, Xiaofei. Ton bonzaï sera bientôt tout fleuri de nouveau.
Tu vois, les gens, à notre époque, courent après tout ce qu'ils n'ont pas, sans comprendre que c'est en observant la nature avec attention, chaque jour, sans relâche, que l'on apprend à comprendre le monde et à y faire le bien.

你的盆景开花了

Nǐ de pénjǐng kāihuā le [Translittération]

在成都一座寺庙的小花园里，
Zài Chéngdū yī zuò sìmiào de xiǎo huāyuán lǐ,
竹影婆娑，青苔点石，
zhú yǐng pósuō, qīngtái diǎn shí,
一切仿佛静止不动，
yīqiè fǎngfú jìngzhǐ bù dòng,
只有一只蚂蚁，沿着盆景的根，缓缓地爬行。
zhǐ yǒu yī zhī mǎyǐ, yánzhe pénjǐng de gēn, huǎnhuǎn de páxíng.

师父把手放在小飞的肩上。
Shīfù bǎ shǒu fàng zài Xiǎofēi de jiān shàng.

- 小飞，看，你的盆景开花了。
- Xiǎofēi, kàn, nǐ de pénjǐng kāihuā le.

- 真的？我还以为它已经死了…… 它的枝干都干枯了。
- Zhēnde? Wǒ hái yǐwéi tā yǐjīng sǐ le... tā de zhīgàn dōu gānkū le.

- 不，花点时间仔细看看。它真的像死了吗？
- Bù, huā diǎn shíjiān zǐxì kànkan. Tā zhēnde xiàng sǐ le ma?
来，用手轻轻捏一捏这根小枝，告诉我你感觉到什么。
Lái, yòng shǒu qīngqīng niē yī niē zhè gēn xiǎo zhī, gàosu wǒ nǐ gǎnjué dào shénme.

- 我觉得它太脆弱了…… 我怕把它弄断。
- Wǒ juéde tā tài cuìruò le... wǒ pà bǎ tā nòng duàn.

- 别怕，它已经活过八十个冬天了。
- Bié pà, tā yǐjīng huóguò bāshí gè dōngtiān le.
对，就是这样，慢一点。很好。
Duì, jiù shì zhèyàng, màn yīdiǎn. Hěn hǎo.
现在，你能感觉到它心中的跳动吗？
Xiànzài, nǐ néng gǎnjué dào tā xīnzhōng de tiàodòng ma?
能感觉到从它体内流出的汁液吗？
Néng gǎnjué dào cóng tā tǐnèi liúchū de zhīyè ma?

- 没有…… 等等…… 哦，好像有一点感觉……
- Méiyǒu... děngděng... ò, hǎoxiàng yǒu yīdiǎn gǎnjué...

- 很好。现在，看那枝条的尽头。
- Hěn hǎo. Xiànzài, kàn nà zhītiáo de jìntóu.
靠近一点。你看到了什么？
Kàojìn yīdiǎn. Nǐ kàn dàole shénme?

- 什么也没有…… 枝条到这里就结束了……
- Shénme yě méiyǒu... zhītiáo dào zhèlǐ jiù jiéshù le...
啊！那是什么？那是一个小小的芽吗？
A! Nà shì shénme? Nà shì yīgè xiǎoxiǎo de yá ma?

- 是的，小飞。你的盆景很快又会开花了。
- Shì de, Xiǎofēi. Nǐ de pénjǐng hěn kuài yòu huì kāihuā le.
你看，如今的人们总是追逐自己没有的东西，
Nǐ kàn, rújīn de rénmen zǒng shì zhuīzhú zìjǐ méiyǒu de dōngxī,
却不明白，只有每天专心观察大自然，
què bù míngbái, zhǐyǒu měitiān zhuānxīn guānchá dàzìrán,
持之以恒，
chí zhī yǐ héng,
才能学会理解世界，并在其中行善。
cáinéng xuéhuì lǐjiě shìjiè, bìng zài qízhōng xíng shàn.

#71

Observer le vivant, c'est aussi apprendre à le protéger. L'Amazonie vous ouvre ses secrets à Manaus.

Ne touche pas à mon arbre

#56

Le regard posé sur la nature peut se déplacer vers les hommes. Au bord du Gange, à Varanasi, une autre sagesse s'exprime.

Un chant pour le Gange

#14

Apprendre la patience n'est pas toujours simple. Quand le sommeil se fait attendre, Sydney vous tend un autre miroir.

Un mouton, deux moutons

Quand le soleil se lève

[Traduction française]

Il fait encore nuit,
mais déjà la ligne des montagnes du Caucase se dessine lentement dans le ciel.

L'air est frais, chargé d'odeurs d'herbes et de terre humide,
et le vent descend doucement des hauteurs.

Au loin, dans un village, un coq chante,
tandis qu'un vol d'hirondelles traverse la vallée de la Koura.

Le premier rayon du soleil effleure les toits de Tbilissi,
fait scintiller la pierre claire et réveille les vignes endormies.

Alors tout s'éveille :
le murmure du matin, les cloches des églises, le parfum du pain chaud.

Et voici que Sa Majesté le Soleil apparaît lentement,
vêtu de cuivre et d'or,
révélant la beauté tranquille et la lumière de la Géorgie.

Ainsi commence un nouveau jour,
une nouvelle chance d'aimer,
une nouvelle possibilité d'espérer,
un nouveau miracle.

როდესაც მზე ამოდის

Rodesats' mze amodis [Translittération]

ღამე ჯერ კიდევ არ დასრულებულა,
Ghame jer kidev ar dasrulebula,
მაგრამ უკვე კავკასიონის მთების ზოლი ნელ-ნელა იკვეთება ცაზე.
magram ukve Kavkasionis mtebis zoli nel-nela ikveteba tsaze.

ჰაერი სუფთაა, სავსე ბალახისა და ნოტიო მიწის სურნელით,
Haeri suftaa, savse balakhisa da notio mitsis surnelit,
და ქარი ნაზად ეშვება სიმაღლეებიდან.
da kari nazad eshveba simaghleebidan.

შორს, ერთ სოფელში მამალი მღერის,
Shors, ert sopelshi mamali mgherebs,
ხოლო მერცხლების გუნდი კვეთს მტკვრის ხეობას.
kholo mertskhlebis gundi kvets' Mtkvris kheobas.

პირველი მზის სხივი ეხება თბილისის სახურავებს,
Pirveli mzis skhivi ekheba Tbilisis sakhuravebs,
აციმციმებს ნათელ ქვას და აღვიძებს მძინარე ვენახებს.
atsimtsimebs natel kvas da aghvidzebs mzinares venakhebs.

მაშინ ყველაფერი იღვიძებს:
Mashindz khvelaperi ighvidzebs:
დილით ჩურჩული, ეკლესიების ზარები, თბილი პურის სურნელი.
dilis churchuli, eklesiebis zarebi, tbili puris surneli.

და აი, მისი უდიდებულესობა მზე ნელა ჩნდება,
Da ai, misi udiidebulesoba mze nela chndeba,
სპილენძისა და ოქროსფერში შემოსილი,
spilendzisa da oksrosfershi shemosili,
და ავლენს საქართველოს მშვიდ სილამაზესა და სინათლეს.
da avlens Sakartvelos mshvid silamazesa da sinatles.

ასე იწყება ახალი დღე,
Ase itsqeba akhali dge,
სიყვარულის ახალი შანსი,
siyvarulis akhali shansi,
იმედის ახალი შესაძლებლობა,
imedis akhali shesadzlebloba,
ახალი სასწაული.
akhali sasts'qavuli.

#23

Quand le soleil devient trop puissant, jusqu'à frôler la domination, le regard se tourne vers les tournesols d'Ukraine.

L'esprit de vérité

#59

Regarder le jour se lever invite parfois à ralentir. À Baie-Saint-Paul au Québec, un père partage ce qu'il sait du temps qui passe.

Demain sera frette

#68

Le sacré peut aussi surgir ailleurs, au pied d'une montagne rouge et ancienne. L'Australie vous appelle, à Uluru.

Avant de gravir l'Ayers Rock

#22

La beauté d'une écriture peut en ouvrir une autre. Direction Addis-Abeba pour découvrir l'amharique.

La connaissance vaincra

ახალი დღე

La planète bleue

[Traduction française]

Fraîcheur ! Fraîcheur bleue !
Tout ce dont je me souviens,
Au début, ce n'est qu'un vague sentiment
De bonheur !
De vérité !

Comme si j'étais entré dans un monde
Dont je n'étais jamais vraiment sorti...
Un monde si perdu,
Un monde si simple !

Et au bout d'un moment,
Quand j'ai pu entrouvrir un œil,
Ce bleu,
Partout du bleu !

Je croyais découvrir la planète Terre,
Mais j'avais atterri dans
une mer d'ignorance...
Un monde si proche,
Et pourtant si mal connu !

Je comprends à présent que les
hommes ne sont que des réfugiés,
Perdus au milieu d'infinis océans,
Un monde si sombre,
Un monde si silencieux.

J'aimerais nager à nouveau parmi
ces merveilleux poissons
Avec lesquels il m'est parfois
arrivé de converser !
Poissons argentés,
Poissons ailés !

Mais où donc ont-ils appris à
danser avec tant d'élégance ?
Qui leur a enseigné à se déplacer
avec tant de prudence ?
Poissons-lune,
Poissons-épées !

J'aimerais entendre à nouveau le
chant enivrant de la baleine,
Mais soudain la fraîcheur s'est évanouie.
J'aimerais jouer à jamais, allongé
sur le dos d'un dauphin,
Mais subitement le bleu a disparu.

La dernière vague a tout
effacé de ma mémoire,
Je garde seulement dans ma paume
un peu de cette eau mystique.
L'eau, où tout a commencé,
L'eau, où tout finira...

El planeta azul

¡Frescor! ¡Frescor azul! Todo lo que recuerdo
Al principio es este vago sentimiento
¡De felicidad!
¡De verdad!

Como si hubiera entrado en un mundo
Del que yo nunca había salido realmente...
¡Un mundo tan perdido,
Un mundo tan sencillo!

Y después de un rato
Cuando pude abrir un ojo
Este azul,
¡Todo azul!

Creía descubrir el planeta Tierra
Pero había aterrizado en un
mar de ignorancia...
Un mundo tan próximo,
¡Un mundo tan desconocido!

Ahora me doy cuenta que los
hombres son sólo refugiados,
Perdidos en medio de infinitos océanos,
Un mundo tan oscuro,
¡Un mundo tan silencioso!

¡Quisiera nadar de nuevo con
estos maravillosos peces
Con los que incluso he charlado a veces!
¡Peces plateados,
Peces alados!

Pero, ¿dónde han aprendido a
bailar con tanta elegancia?
¿Quién les ha enseñado a moverse
con esta prudencia?
¡Peces luna,
Peces espada!

Quisiera escuchar de nuevo el
embriagador canto de la ballena
Pero de repente ha desaparecido el frescor.
Quisiera jugar para siempre, tumbado
sobre la espalda del delfín
Pero súbitamente ha desaparecido el azul.

La última ola ha borrado toda mi memoria,
Sólo guardo en mi palma un
poco de esta agua mística.
El agua, donde todo empezó,
El agua, donde todo terminará...

#49
En surgissant des profondeurs de l'océan Atlantique, prenez de la hauteur et regardez la planète bleue depuis l'espace.
Naître dans l'espace

#70
Si vous suivez le cycle de l'eau, évaporez-vous en nuage avant de retomber dans le Sahara, là où l'eau est rare.
Le son de la pluie

#55
Envie de prendre la forme d'une vague ? Laissez-vous porter par le vent et l'Atlantique jusqu'à Essaouira, au Maroc, ville de mystère.
Les petites vagues d'Essaouira

Avant de gravir l'Ayers Rock

[Traduction française]

Depuis des années, je rêvais de gravir l'Ayers Rock, ce monolithe de grès mystérieux perdu au cœur de l'Australie. Je m'imaginais déjà au sommet, prêt à dire fièrement :
« J'y suis allé, je l'ai fait. Regardez mon selfie ! »

Mais au moment de serrer les sangles de mon sac, mon regard croisa celui d'une vieille femme aborigène. Il y avait dans ses yeux un chagrin si profond qu'il me figea sur place comme si elle venait d'un autre monde. En m'approchant, je vis se refléter dans ses pupilles la silhouette du Rocher, baignée par la lumière du matin.

Elle me dit qu'elle était *Anangu*, que cette montagne s'appelait en réalité *Uluru* et que cette terre était encore habitée par des êtres créateurs ancestraux. Avec une tristesse contenue, elle m'expliqua qu'elle voyait les touristes marcher sur des lieux sacrés où les *Piranpa*, les non-Aborigènes, n'auraient jamais dû aller. Honteux, je lui demandai pardon et la priai de m'en dire davantage sur la signification de ce lieu.

Elle accepta. Nous nous assîmes à l'ombre et elle commença à parler du *Tjukurpa*, un mot qu'elle ne pouvait pas traduire. C'était, me dit-elle, la base de la vie des *Anangu* : la loi, la mémoire du passé et le chemin vers l'avenir, le lien entre les hommes, les plantes, les animaux et la terre. Leur savoir sur la nature venait de cette loi vivante, transmise de génération en génération par les chants, les récits et l'art.

Elle raconta que jadis, le monde était sans forme, jusqu'à l'arrivée des *Tjukuritja*, ces géants primordiaux qui parcoururent la terre sous forme d'animaux, de plantes ou d'hommes. Par leurs actes de création et de destruction, ils façonnèrent chaque rocher, chaque vallée que nous voyons aujourd'hui. Pour les Anangu, chaque relief est porteur de sens, une trace des exploits des ancêtres.

Toute la journée, elle me parla des esprits d'*Uluru* : le serpent, le lézard, l'émeu. Elle me montra les lichens gris, les pierres, les peintures des grottes, témoins silencieux de leurs histoires. Dans ses yeux, le Rocher changeait de couleur au fil de la lumière. Par instants, je crus le voir comme elle.

Quand le soleil se coucha dans un embrasement d'or, je restai immobile, bouleversé. Et quand je voulus la remercier, elle avait disparu. Je me mis à courir, puis m'arrêtai net devant un petit lézard posé sur une pierre, qui semblait me saluer.

Alors je compris : certaines leçons ne se reçoivent qu'en silence.

Non, je n'ai pas gravi l'Ayers Rock ce jour-là...
Mais je suis monté plus haut que je ne l'aurais cru.

Before climbing the Ayers Rock

I had long dreamed of climbing Ayers Rock, that mysterious sandstone monolith lost in the heart of Australia.
For years I had imagined the moment I would finally stand at its summit, ready to boast:
"Been there, done that. Look at my selfie here!"

As I tightened my backpack straps, my eyes met those of an old Aboriginal woman standing nearby.
There was such sorrow in her gaze that it stopped me cold, as if she came from another world.
When I approached to ask if she was all right,
I saw the reflection of the Rock shimmering in her eyes.

She told me she was Anangu, that this mountain's real name was Uluru,
and that this land was still inhabited by ancestral creator beings.
With quiet sadness, she said she watched tourists walking on sacred ground where the *Piranpa*, the non-Aboriginal, should never go.
Ashamed, I apologized and asked her to tell me what *Uluru* truly meant.

She accepted. We sat down in the shade, and she began to speak of the *Tjukurpa*, a word she could not translate.
It was, she said, the foundation of *Anangu* life: the law, the memory of the past and the path to the future, the link between people, plants, animals, and the land itself.
Their knowledge of nature came from this living law,
passed down through songs, stories, and art.

She told me that long ago, the world had no shape. Then came the *Tjukuritja*, giant ancestral beings who journeyed across the land in the forms of plants, animals, and people.
Through their acts of creation and destruction, they shaped every rock and valley we see today.
For the Anangu, every landscape holds meaning, each line of stone is a track of those beings' deeds.

All day she spoke to me of the spirits moving through *Uluru*: the snake, the lizard, the emu, showing me the gray lichens, the boulders, the cave paintings that bear witness to their stories.
In her eyes, the Rock seemed to change colours with the light. At times, I almost saw it as she did.

When the sun set in a blaze of gold, I stood still, overwhelmed.
And when I turned to thank her, she was gone.
I ran after her, hoping to hear more, but stopped when a small lizard appeared on a rock, nodding as if it knew.

Then I understood.
Some lessons must be discovered in silence.

No, I did not climb to the top of Ayers Rock that day...
but I went higher than I ever thought possible.

#72

Si les légendes aborigènes de l'Ayers Rock vous donnent envie de prendre encore de la hauteur et de méditer en montagne, rendez-vous à Verbier, en Suisse.

Face à la montagne

#30

Pour poursuivre votre voyage dans une autre immensité désertique, prenez la route du Sahara, au sud de l'Algérie.

Le songe du vieux

#64

Les couleurs changeantes de l'Ayers Rock vous interpellent ? Mettez le cap sur le Pacifique et naviguez jusqu'en Polynésie française.

Couleurs

La pêche merveilleuse

[Traduction française]

Sur la rivière Lijiang, les roches abruptes plongent dans l'eau et se dévoilent
au rythme des flots et du soleil, parfois filtré par la brume.
Ici, les montagnes jaillissent des eaux calmes comme des bambous géants, fines, droites et vivantes.
Chaque colline, isolée au milieu du courant, semble porter sa propre histoire, sa propre légende.

Je glisse paisiblement entre ces géants endormis, dans un paysage
mouvant où les formes changent sans prévenir :
trompe d'éléphant plongeant dans l'eau, dragon inquiet, chameau assoupi,
tourelles arrondies coiffées de végétation verdoyante.

Et là-bas, un rocher attire mon regard : on croirait un homme debout sur un
radeau de bambou, entouré d'étranges passagers au long bec.
Je mets le cap vers lui, mais le rocher bouge.
Ce n'est donc pas un rocher mais un pêcheur, accompagné de ses fidèles
oiseaux, compagnons inséparables de son travail et de sa vie.
L'un d'eux, un cormoran, s'élance dans les airs, frôle l'eau et revient avec
un poisson qu'il dépose dans la main de son maître.

Je m'approche pour lui parler.
La brume s'épaissit soudain, glisse entre nous comme un rideau.
Je cligne des yeux... puis plus rien : le pêcheur a disparu.
Je me retourne, le voilà de nouveau.
Je m'avance prudemment mais cette fois, c'est bien un rocher... ou peut-être pas ?
Un instant, j'ai cru le voir bouger.

Au crépuscule, la rivière se tait.
Errant dans ce dédale de montagnes, j'aperçois un dernier cormoran qui passe au-dessus de ma tête,
comme pour me dire adieu.

奇妙

奇妙的捕鱼

Qímiào de bǔyú [Translittération]

在漓江上，陡峭的岩
石沉入水中，
Zài Líjiāng shàng, dǒuqiào de
yánshí chén rù shuǐ zhōng,
随着水流和阳光的变幻，
在浓雾中时隐时现。
suízhe shuǐliú hé yángguāng
de biànhuàn, zài nóngwù
zhōng shí yǐn shí xiàn.
这里的群山从水中升起，
像巨大的竹笋般挺拔，
Zhèlǐ de qúnshān cóng shuǐ zhōng shēng
qǐ, xiàng jùdà de zhúsǔn bān tǐngbá,
每一座孤立的小山都仿佛
有自己的故事和传说。
měi yī zuò gūlì de xiǎoshān dōu fǎngfú
yǒu zìjǐ de gùshì hé chuánshuō.

我顺流而下，穿行在这
些沉睡的巨人之间，
Wǒ shùnlíu ér xià, chuānxíng zài
zhèxiē chénshuì de jùrén zhī jiān,
景色变幻无穷，时而
像象鼻探水，
jǐngsè biànhuàn wúqióng, shí
ér xiàng xiàngbí tàn shuǐ,
时而像盘龙、卧骆驼，
shí ér xiàng pánlóng, wò luòtuó,
又像覆满青翠植被的圆塔。
yòu xiàng fùmǎn qīngcuì
zhíbèi de yuán tǎ.

那边，一块岩石吸引
了我的目光，
Nàbiān, yī kuài yánshí
xīyǐnle wǒ de mùguāng,
仿佛一个人立在狭窄的竹筏上，
fǎngfú yī gè rén lì zài xiázhǎi
de zhú fá shàng,
身边还有几位长嘴的奇怪同伴。
shēnbiān hái yǒu jǐ wèi chángzuǐ
de qíguài tóngbàn.
我划船靠近，可那岩
石竟在移动！
Wǒ huáchuán kàojìn, kě nà
yánshí jìng zài yídòng!
原来那是个渔夫，
Yuánlái nà shì gè yúfū,
与他忠实的鸟儿们为伴，
yǔ tā zhōngshí de niǎo men wéi bàn,
这些鸬鹚是他生活中
不可分割的朋友。
zhèxiē lúcí shì tā shēnghuó zhōng
bù kě fēngē de péngyǒu.
一只鸬鹚腾空而起，掠过水面，
Yī zhī lúcí téngkōng ér qǐ,
lüèguò shuǐmiàn,
叼着一条鱼回到主人身边，
diāozhe yī tiáo yú huí dào
zhǔrén shēnbiān,
又轻轻地将鱼吐在主人的手中。
yòu qīngqīng de jiāng yú tǔ
zài zhǔrén de shǒu zhōng.

我正想上前与他交谈，
Wǒ zhèng xiǎng shàng
qián yǔ tā jiāotán,
雾气忽然加重，如帷幕一
般在我们之间飘动。
wùqì hūrán jiāzhòng, rú wéimù yī
bān zài wǒmen zhī jiān piāodòng.
我眨了眨眼，什么也看不见了。
Wǒ zhǎle zhǎ yǎn, shénme
yě kàn bùjiànle.
渔夫不见了。
Yúfū bùjiànle.
我转身，他又在那里。
Wǒ zhuǎnshēn, tā yòu zài nàlǐ.
我再靠近……这次真的是岩石，
Wǒ zài kàojìn...... zhè cì
zhēn de shì yánshí,
还是说，那石头刚才动了一下？
háishì shuō, nà shítou
gāngcái dòngle yīxià?

暮色降临，江面一片寂静。
Mùsè jiànglín, jiāngmiàn yīpiàn jìjìng.
我在群山的迷雾中缓缓漂流，
Wǒ zài qúnshān de míwù
zhōng huǎnhuǎn piāoliú,
一只鸬鹚从头顶掠过，
yī zhī lúcí cóng tóudǐng lüèguò,
仿佛在向我告别。
fǎngfú zài xiàng wǒ gàobié.

暮色降临
面一片寂静

Les caractères chinois 奇妙 (qímiào) expriment à la fois le merveilleux et ce qui demeure mystérieux.

#43

Pour en faire l'expérience par les sens, laissez-vous guider jusqu'à Zanzibar, en Tanzanie.

Épices et merveilles

#68

Lorsque ce merveilleux inexplicable prend la forme du sacré et de l'invisible, prenez la route d'Uluru, en Australie.

Avant de gravir l'Ayers Rock

#46

Quand l'étonnement ne trouve plus de réponse mais seulement des interprétations, franchissez les portes du MET, le musée d'art à New York.

Les cyprès de New York

Le son de la pluie

[Traduction française]

Dans ce pays de soleil torride, les mers sont faites de sable
et les fleuves ne se montrent à l'air
libre que par de rares oasis.

Et pourtant, dans ce décor de mort
magnifiquement organisé,
le désert est bien vivant et semble surveiller
chacun de nos faits et gestes.
Subtilement, il déplace ses tours et
ses fantassins au gré du vent
et se pare tantôt de blanc, tantôt
de jaune, tantôt d'orange.

Charmeur patient qui, après nous avoir hypnotisés,
viendra nous engloutir doucement,
en prenant garde de ne pas nous réveiller,
comme il le fait avec ces quelques
palmiers et pommiers de Sodome
qui arrivent à peine à émerger des dunes.

Sous la tente, l'heure est au recueillement et à la réflexion :
combien d'eau reste-t-il ? combien d'essence ?
combien de temps pour rejoindre la civilisation ?
comment se repérer sans GPS ?
La chaleur nous écrase, nos lèvres sont couvertes
de sel et chaque parole devient un effort.

Soudain, il y a ce bruit venu d'ailleurs
qui ressemble tout d'abord
à un de ces mirages venus rompre le silence :
« tic... toc... toc, toc, toc... tic ! »
Nous sortons précipitamment :
« Oui, oui, je te jure, c'est la pluie qui arrive ! »
On crie, on en pleure de joie,
on se met à danser autour du 4x4 meurtri !

L'air se charge aussitôt de l'odeur du sable
humide et de la vie qui remonte à la surface.
Et puis c'est le retour de la raison : vite !
L'eau qui tombe au sol va être aussitôt goulûment
aspirée au plus profond du désert !
Il faut rassembler les casseroles et tout ce qui
peut permettre de retenir le précieux liquide !

Déjà, les dernières gouttes tombent furtivement.
J'inspire aussi fort que possible pour mieux
m'imprégner de l'odeur du sable humide,
comme si cela pouvait faire remonter la vie à la surface.
Je ferme alors les yeux et je me remémore
ces peintures rupestres millénaires
qui nous montrent des hommes et des
femmes au travail avec leurs troupeaux,
entourés de girafes, d'éléphants,
d'hippopotames, d'autruches...
Et qui nous rappellent cette époque où le Sahara
était encore verdoyant et la civilisation rayonnante.

#31
Pour ressentir la mémoire d'un Sahara autrefois vert, rejoignez l'ouest du Canada et partagez un feu sacré avec les Haïdas.
La flamme éternelle

#40
Quand la pluie évoque la mélancolie, poursuivez ce sentiment à Chiang Mai.
Où est mon enfant ?

#45
Si l'eau est pour vous source de plaisir, laissez-vous porter jusqu'à Venise et perdez-vous dans ses canaux.
Le masque de Venise

صوت المطر

[Translittération] Ṣawtu al-Maṭar

في هذا البلد ذي الشمس
الحارقة، البحار من الرمل،
ʿFī hādhā al-baladi dhī al-shamsi al-ḥāriqa, al-biḥāru mina al-ramli,

والأنهار لا تظهر للهواء الطلق
إلا في واحات صغيرة نادرة.
wa-al-anhāru lā taẓharu li-l-hawāʾi al-ṭalq illā fī awāḥin ṣaghīratin nādiratin.

ومع ذلك، في هذا المشهد من
الموت المنظّم بجمال،
Wa-maʿa dhālika, fī hādhā al-mashhadi mina al-mawti al-munaẓẓami bijamāl,

الصحراء حيّة، تراقب كلّ حركاتنا وسكناتنا.
al-ṣaḥrāʾu ḥayyatun, turāqibu kulla ḥarakātinā wa-sakanātinā.

تحرّك أبراجها وجنودها برفقٍ
وفقًا لهبوب الرياح،
Tuḥarriku aburājahā wa-junūdahā birifqin ḥasaba hubūbi al-riyāḥ,

وتتزيّن تارةً بالأبيض، وتارةً
بالأصفر، وتارةً بالبرتقالي.
wa-tatazayyanu tāratan bi-l-abyaḍ, wa-tāratan bi-l-aṣfar, wa-tāratan bi-l-burtuqālī.

ساحرٌ صبور، بعد أن يُنوّمنا،
Sāḥirun ṣabūr, baʿda an yunawwimanā,

يأتي ليبتلعنا برفق،
yaʾtī li-yabtaliʿanā birifqin,

محاذرًا أن يوقظنا،
muḥādhiran an yūqiẓanā,

كما يفعل مع بعض أشجار النخيل
kamā yafʿalu maʿa baʿḍi ashjāri al-nakhīl

وتفّاح سدوم التي بالكاد
تخرج من بين الكثبان.
wa-tuffāḥi Ṣadūm allatī bil-kādi takhruju min bayni al-kuthbān.

تحت الخيمة، تحين ساعة التأمّل والتفكير:
Taḥta al-khaymah, taḥīnu sāʿatu al-taʾammul wa-l-tafakkur:

كم بقي من الماء؟ كم من الوقود؟
kam baqiya mina al-māʾ? kam mina al-waqūd?

كم من الوقت للوصول إلى الحضارة؟
kam mina al-waqti li-l-wuṣūli ilā al-ḥaḍārah?

كيف نعرف الطريق بلا
جهاز تحديد المواقع؟
kayfa naʿrifu al-ṭarīqa bilā jihāzi tahdīdi al-mawāqiʿ?

الحرّ يثقلنا، وشفاهنا مغطّاة بالملح،
al-ḥarru yathqulunā, wa-shifāhunā maghṭātun bi-l-milḥ,

وكلّ كلمة تصبح مجهودًا.
wa-kullu kalimatin tuṣbiḥu majhūdan.

وفجأةً، جاء صوتٌ من مكانٍ آخر،
Wa-fajʾatan, jāʾa ṣawtun min makānin ākhar,

يشبه سرابًا جاء ليكسر الصمت:
yushbihu sarāban jāʾa li-yaksira al-ṣamta:

« تك... تك... طق، طق، طق... تك! »
"tik... tik... ṭaq, ṭaq, ṭaq... tik!"

خرجنا مسرعين:
Kharajnā musriʿīn:

« نعم! نعم! أقسم لك، إنّه المطر قادم! »
"naʿam! naʿam! uqsimu laka, innahu al-maṭaru qādim!"

صرخنا، بكينا من الفرح،
ṣarakhnā, bakaynā mina al-faraḥ,

وبدأنا نرقص حول السيارة المُرهَقة!
wa-badaʾnā narquṣu ḥawla al-sayyārati al-murhaqah!

وامتلأ الهواء فجأةً برائحة الرمل الرطب،
Wa-imtalaʾa al-hawāʾu fajʾatan bi-rāʾiḥati al-ramli al-raṭbi,

وبنسيم الحياة الصاعدة إلى السطح.
wa-nasīmi al-ḥayāti al-ṣāʿidi ilā al-saṭḥ.

لكن سرعان ما عادت إلينا الحكمة: بسرعة!
Lākin sariʿan mā ʿādat ilaynā al-ḥikmah: bisurʿah!

فالماء الذي يسقط على الأرض
fa-al-māʾu alladī yasquṭu ʿalā al-arḍ

سيمتصّه الصحراء الجائعة في لحظة!
sayamtaṣṣuhu al-ṣaḥrāʾu al-jāʾiʿatu fī laḥẓah!

علينا أن نجمع القدور
ʿAlaynā an najmaʿa al-qudūra

وكلّ ما يمكنه أن يحتفظ
بهذه القطرات الثمينة!
wa-kulla mā yumkinu an yaḥtafiẓa bi-hādhihi al-qaṭarāti al-thamīnah!

وها هي القطرات الأخيرة
Wa-hā hiya al-qaṭarātu al-ākhīrah

تتساقط بخفّة.
tatasāqaṭu bikhiffah.

أتنفّس بعمق لأتشرّب رائحة الرمل الرطب،
Atanaffasu bi-ʿumqin li-atašarraba rāʾiḥata al-ramli al-raṭbi,

وكأنّ ذلك قد يُعيد الحياة إلى السطح.
wa-ka-anna dhālika qad yuʿīdu al-ḥayāta ilā al-saṭḥ.

ثم أُغمض عينيّ وأتذكّر تلك
الرسومات الصخرية القديمة
Thumma ughmiḍu ʿaynayya wa-atadhakkaru tilka al-rusūma al-ṣakhriyyata al-ʿatīqah

التي تُظهر رجالًا ونساءً
يعملون مع قطعانهم،
allatī tuẓhiru rijālan wa-nisāʾan yaʿmalūna maʿa qiṭʿānihim,

محاطين بالزرافات والفيلة
وأفراس النهر والنعام...
muḥāṭīna bi-l-zarāfāt wa-l-fiyalati wa-afrāsi al-nahr wa-l-nuʿām...

وتُذكّرنا بتلك الحقبة
wa-tudhakkirunā bi-tilka al-ḥiqbati

حين كانت الصحراء ما زالت خضراء
ḥīna kānat al-ṣaḥrāʾu mā zālat khaḍrāʾa

والحضارة مشرقة.
wa-l-ḥaḍārah mushriqah.

Amérique
#71
PORTUGAIS

Ne touche pas à mon arbre

[Traduction française]

À Manaus, l'eau est partout.
Elle façonne les routes, les villages, les heures du jour.
Ici, le Rio Negro, sombre et tranquille, rencontre l'Amazone, plus claire et puissante.
Pendant des kilomètres, leurs eaux avancent côte à côte sans se mêler,
tels deux poumons qui respirent ensemble.

Ce matin-là, nous remontions un bras du fleuve dans une pirogue légère.
À mes côtés, João, un ami brésilien rencontré en ville, tenait la barre avec assurance.
Nous cherchions à filmer un *pied tamarin*,
un petit singe rare que l'on ne trouve qu'ici, autour de Manaus.
Vif, curieux, insaisissable,
il se déplace dans les hauteurs de la forêt,
là où les cimes des arbres luttent pour la lumière.

Le soleil montait lentement et nous avons accosté près d'une crique silencieuse.
Je me suis arrêté devant un *samaúma* immense,
un arbre si large que ses racines formaient des murs vivants.
J'allais m'asseoir contre le tronc quand João m'a retenu.

– Pas là, m'a-t-il dit doucement. Regarde bien.

Sous les racines, un léger frémissement.
Un nuage d'insectes vibrait dans l'air humide.
Des moustiques, des milliers d'entre eux, vivaient là,
abrités à l'ombre du bois et de la mousse.

João m'a expliqué que, lorsqu'un arbre comme celui-là est abattu,
ces insectes réagissent avec une violence extrême,
défendant leur territoire.
Il m'a aussi parlé de bûcherons et de défricheurs imprudents,
piqués à mort après avoir déclenché la fureur de la forêt.

Je suis resté silencieux.
Autour de moi, tout semblait relié :
les lianes, les champignons, les oiseaux, les fourmis,
et le souffle du fleuve, tout proche.

Nous n'avons pas trouvé le pied tamarin que nous cherchions.
Mais sur le chemin du retour, je me suis dit que j'avais vu bien plus :
une forêt vivante jusque dans ses plus petits êtres,
ceux qu'on ne remarque pas,
mais dont dépend sans aucun doute tout le reste.

Não toque na minha árvore

Em Manaus, a água está em toda parte.
Ela molda os caminhos, as vilas, as horas do dia.
Aqui, o Rio Negro, escuro e sereno, encontra o Amazonas, mais claro e poderoso.
Por quilômetros, suas águas seguem lado a lado sem se misturar,
como dois pulmões que respiram juntos.

Naquela manhã, subíamos um braço do rio em uma pequena canoa.
Ao meu lado, João, um amigo brasileiro que eu conhecera na cidade, conduzia com firmeza.
Queríamos filmar um *sagui-de-Manaus*,
um pequeno macaco raro que só existe aqui, nos arredores de Manaus.
Ágil, curioso, difícil de ver,
ele se move nas partes altas da floresta,
onde as copas das árvores lutam pela luz.

O sol subia lentamente e atracamos perto de um igarapé silencioso.
Parei diante de uma samaúma imensa,
uma árvore tão larga que suas raízes formavam paredes vivas.
Eu ia me sentar junto ao tronco quando João me segurou.

- Não aí - disse ele baixinho. Olhe bem.

Sob as raízes, um leve tremor.
Uma nuvem de insetos vibrava no ar úmido.
Mosquitos - milhares deles - viviam ali,
abrigados na sombra da madeira e do musgo.

João explicou que, quando uma árvore como aquela é derrubada,
esses insetos reagem com extrema violência,
defendendo seu território.
Ele também falou de lenhadores e desmatadores descuidados,
picados até a morte depois de provocarem a fúria da floresta.

Fiquei em silêncio.
Ao meu redor, tudo parecia ligado:
as lianas, os fungos, os pássaros, as formigas
e o sopro do rio, logo ali.

Não encontramos o sagui-de-Manaus que procurávamos.
Mas, no caminho de volta, pensei que tinha visto algo bem maior:
uma floresta viva até em seus menores seres,
aqueles que quase ninguém nota,
mas de quem, sem dúvida alguma, depende todo o resto.

#9

Le respect du vivant peut devenir une manière d'aimer le monde. Prolongez cette attention au Bhoutan, dans l'Himalaya.

Je t'aime

#69

Pour découvrir un autre lieu où l'homme et la nature avancent ensemble, partez à Guilin, en Chine, au rythme des pêcheurs et de leurs cormorans.

La pêche merveilleuse

#43

Si vous souhaitez rester proche des éléments tout en retrouvant une présence urbaine, laissez le vent vous porter jusqu'à Zanzibar, en Tanzanie.

Épices et merveilles

Face à la montagne

C'est au pied de la montagne
que je me sens si petit,
Que je me sens vraiment exister.

Elle en a vu défiler des vies,
polies par la pluie,
Morceaux de temps à l'oubli arrachés.

Des papillons qui virevoltent
de fleur en fleur à l'infini,
Des hommes à la passion tourmentée.

Je voudrais percer ses mystères,
me remplir de son énergie,
La prendre dans mes bras,
pouvoir l'embrasser.

Je finis par lui avouer mes peurs
quand l'ombre sur ses flancs grandit,
C'est alors qu'elle se met à m'écouter.

Je lui confesse enfin que je
ne sais rien de la vie,
Que je voudrais apprendre
à mieux aimer.

Je ne sais plus ce qu'elle me répondit...
Peut-être un souffle, un
silence ou un cri ?
Mais, depuis ce jour, je sais à qui parler.

#73

Si l'appel de la montagne vous pousse vers des reliefs plus extrêmes, poursuivez jusqu'au Kamtchatka et ses volcans perdus dans l'immensité.

Les volcans du Kamtchatka

#23

Quand la montagne devient confidente et invite à chercher la vérité par soi-même, prenez la route de Kyiv, en Ukraine.

L'esprit de vérité

#11

Pour redescendre avec le rythme, laissez vos pas vous guider vers les collines de Rio de Janeiro, au Brésil.

Ma vie est samba

Les volcans du Kamtchatka

[Traduction française]

Le Kamtchatka. Sur cette péninsule de tous
les contrastes et de toutes les beautés,
j'ai bien failli perdre la tête.

À peine arrivé, j'ai voulu gravir chacun
de ses volcans – éteints et actifs,
pour mieux observer le monde tel
qu'il était il y a bien longtemps,
quand naquirent les montagnes
et que jaillit le premier feu.

Pour imaginer le capitaine Vitus Béring, en 1740,
choisissant la baie d'*Avatcha* comme
base pour naviguer sur le Pacifique.

Pour me mettre à l'épreuve, pour oser,
comme l'aurait dit Vladimir Vyssotski.

Le Kamtchatka. Terre de glace et de feu,
mélange de douceur et de rudesse,
rencontre de la vie et de la mort.

Dans la Vallée des geysers, au sommet
des volcans *Avatchinski* et *Gorely*,
un étrange sentiment m'a saisi
comme si j'étais déjà venu ici,
dans une autre époque.

Dans notre monde où il reste si
peu d'endroits intacts,
il m'a été difficile de dire adieu aux cônes
majestueux des volcans géants.

Et du pays des ours bruns et de l'immensité,
j'ai finalement emporté avec moi
une minuscule fougère dorée.

Вулканы Камчатки

Vulkány Kamchátki [Translittération]

Камчатка. На этом полуострове всех контрастов
Kamchátka. Na étom poluóstrove vsekh kontrástov
и всех красот я чуть не потерял голову.
i vsekh krasót ya chut' ne poteryál golovú.
Едва прибыв, я захотел взойти на каждый
из его вулканов – потухших и живых,
Yedvá pribýv, ya zakhotel vzóyti na kázhdy iz
yegó vulkánov – potúkhshikh i zhivýkh,
чтобы увидеть мир таким, каким
он был задолго до нас,
chtóby uvídet' mir takím, kakím on byl zadólgo do nas,
когда рождались горы и впервые вырвался огонь.
kogdá rozhdális' góry i vpervýye vyrválsya ogón'.

Чтобы представить себе капитана
Витуса Беринга в 1740 году,
Chtóby predstávit' sebé kapitána Vítusa Bérynga
v tysyácha sem'sót sorokovóm godú,
выбравшего Авачинскую бухту базой
для плаваний по Тихому океану.
výbravshego Avàchinskuyu búkhtu bázoї
dlya plavániy po Tíkhomu okeánu.
Чтобы испытать себя, рискнуть, как
сказал бы Владимир Высоцкий.
Chtóby ispitát' sebya, risknút', kak skazál by Vladímir Vysótskiy.

Камчатка. Страна льда и пламени,
Kamchátka. Straná l'dá i plámeni,
смесь нежного и резкого, встреча жизни и смерти.
smes' nézhnogo i rézkogo, vstrécha zhízni i smérti.

На Долине гейзеров, на вершине
Авачинского и Горелого вулканов
Na Dolíne géizerov, na vershíne Avàchínskogo i Gorélogo vulkánov
меня охватило смутное чувство, будто
я уже был здесь, в другой эпохе.
menyá okhvatílo smútnoye chúvstvo, búdto
ya uzhé byl zdés', v drugóy epókhe.

В нашем мире, где остаётся так мало
нетронутых уголков природы,
V náshém míre, gde ostayótsya tak málo netronútykh uglokóv prírody,
трудно было прощаться с величественными
конусами гигантских вулканов.
trúdno bylo proshchátsya s velichéstvennymi
kónusami gigántskikh vulkánov.

А из страны бурых медведей и безмерности
A iz strany búrykh medvédyeї i bezmérnosti
я унес с собой лишь крошечный
золотой папоротник.
ya unyós s sobóy lish' króshyechnyy zolotóy páporotnik.

#21

La fragilité d'une fougère vous évoque celle de l'humain ? Rejoignez Buenos Aires et observez l'invisible.

À toi que nous ne voyons pas

#65

Si l'attention au détail vous attire, poursuivez votre chemin à Chengdu.

Ton bonzaï en fleurs

#18

D'une terre volcanique à une autre, survolez la ceinture de feu du Pacifique pour Sulawesi, en Indonésie.

Ce que je veux pour mes enfants

#62

Pour passer d'un lieu de contrastes naturels à un lieu de contrastes culturels, prenez la route d'Istanbul.

La rencontre de l'Orient et de l'Occident

À mes compagnons de route

Un livre ne s'écrit jamais seul.

À toutes ces inconnues et tous ces inconnus croisés au détour d'un port, d'un marché ou d'un train, qui m'ont prêté un mot, un regard, un sourire… et parfois une part de leur monde.

Aux habitants de Saint-Alban-de-Roche, qui m'ont accueilli à bras ouverts dans ce magnifique village.

À tous ceux qui ont traduit mes mots dans d'autres alphabets, relu mes textes, corrigé mes hésitations ou simplement murmuré : « continue ».

À mes compagnons du premier jour, et en particulier :
mon frère Rémi, Philippe C., Florence B., Farzad N., Astrid L., Christophe L., Muriel M, Claudia G, Abdi B.

À ceux qui ont contribué à donner forme à ce livre : Laurence F., Jonathan M., Olivier M., Jean R, Eric P.

À mes parents, Françoise et Jacques, qui m'ont encouragé à aller jusqu'au bout de ce rêve.

À mes enfants, qui savent me garder jeune : Esteban, Célia et Tessa.

Et à celle qui colore ma vie d'amour, chaque jour et en tous lieux : Sandrine.

MERCI.

À propos des textes et des illustrations

Les textes et illustrations présentés dans cet ouvrage sont des **CRÉATIONS ORIGINALES**.
Certaines versions en langues étrangères ont été élaborées à partir du texte original en français à l'aide d'outils d'intelligence artificielle, puis relues, autant que possible, par des locuteurs natifs. Ces traductions constituent des adaptations libres, privilégiant l'esprit des textes plutôt qu'une stricte équivalence littérale.

Les translittérations suivent une convention simplifiée inspirée des normes internationales, afin d'en faciliter la lecture.

Les illustrations ainsi que certaines références culturelles ou géographiques évoquées dans les histoires sont librement inspirées de lieux réels ou imaginaires.

Certaines citations poétiques sont empruntées à Giacomo Casanova, Félix Leclerc, Mikhaïl Lermontov, Nelson Mandela, Alexandre Pouchkine, Sophie Scholl, Vladimir Vissotski.

L'esprit de ce livre doit également beaucoup aux récits de voyage et à l'humanisme d'auteurs qui m'accompagnent depuis longtemps, tels que Joseph Kessel, Albert Camus ou Antoine de Saint-Exupéry.

Un chemin qui continue

Pour prolonger l'expérience *LiberSila*, découvrir les coulisses des textes et des dessins – inspirations, anecdotes, clés culturelles et linguistiques – ou simplement échanger et partager vos réflexions, l'aventure se poursuit sur

www.libersila.com

Vous y retrouverez aussi, pour chaque texte, une question qui vous est adressée. Vous pouvez, si vous le souhaitez, y répondre et en garder une trace dans les pages prévues à cet effet, au début de chaque mouvement.

Christophe Perreault est un auteur et illustrateur franco-canadien polyglotte. Il accompagne des dirigeants et des organisations sur des enjeux culturels et interculturels.

À travers *LiberSila*, il explore les langues, les cultures et les différentes manières de percevoir le monde.

Il vit aujourd'hui en France, entre l'Isère et la Haute-Savoie.

Conception graphique : Leitmotif Creative Studio.

Editions LiberSila.
Dépôt légal : mai 2026.

www.ingramcontent.com/pod-product-compliance
Lightning Source LLC
LaVergne TN
LVHW061243100826
845148LV00008B/1013
9791098481406